www.librerianorma.com
Bogotá, Buenos Aires, Caracas, Guatemala, Lima, México, Panamá,
Quito, San José, San Juan, Santiago de Chile

Av. Los Ángeles 303-Int. 1-B
Col. San Martín Xochináhuac
México D.F. 02120

Primera edición, julio de 2010

Dirección editorial: Lorenza Estandía González-Luna
Corrección de estilo: Georgina Cárdenas Corona, Aline Hermida Cortés
Diagramación y diseño de portada: Alfonso Reyes Gómez

Impreso por Cargraphics, S.A. de C.V.
Impreso en México – *Printed in Mexico*
Primera reimpresión, mayo 2013

ISBN: 978-607-95454-2-0
CC: 28002522

ÍNDICE

A todos los artistas con los que he trabajado, quienes aceptaron a un escritor en un medio de dibujantes. En especial a Bef (mil gracias), Hugo, Micro, Luis, Clement, Gerardo, Bachan, Lucas, Oscar y Humberto.

–F.G. Haghenbeck

PRÓLOGO

HAY MUCHAS MANERAS DE CONTAR LA HISTORIA. Y, ADEMÁS, EN MÉXICO HAY UNA NECESIDAD IMPERIOSA DE VOLVER A NARRARLA, PORQUE DURANTE MUCHOS AÑOS NO FUE PROPIEDAD DE NOSOTROS: PERTENECÍA AL ESTADO, QUE NOS LA CONTABA COMO QUERÍA.

LA HISTORIA DE MÉXICO, POR ESO, ESTÁ LLENA DE LAGUNAS. OMISIONES IMPERDONABLES O MAGNIFICACIONES ABSURDAS. NI LOS VILLANOS LO FUERON TANTO NI LOS HÉROES SON DE BRONCE.

DESDE HACE ALGUNOS AÑOS UN NUTRIDO GRUPO DE ESCRITORES HA DECIDIDO *ENCARARSE* CON LA HISTORIA PATRIA (Y A PROPÓSITO LO PONGO EN MINÚSCULAS) CONVENCIDO DE QUE EXISTEN FORMAS ALTERNAS DE DECIRLA.

POR OTRO LADO LA NOVELA GRÁFICA –QUE TANTOS LECTORES COMUNES TIENE EN MÉXICO– HA BUSCADO OTROS DERROTEROS, DESDE LA SOCIOLOGÍA HASTA LOS SÚPER HÉROES; DESDE LA INVENCIÓN DE TIPOS POPULARES HASTA LA BURDA CALCA DE MALOS *WESTERNS,* PERO POCAS VECES HA PENETRADO EN EL TERRITORIO INMACULADO DE LA HISTORIA, CON MAYÚSCULAS.

NO SE TRATA DE ESCRIBIR UN GUIÓN Y DE ESPERAR QUE ALGUIEN LO ILUSTRE. LA NOVELA GRÁFICA ES UN GÉNERO EN SÍ MISMO. HOY EN DÍA Y GOZA DE TAN CABAL SALUD QUE NO PUEDEN ENTENDERSE LITERATURAS ENTERAS SIN SU CONTRIBUCIÓN. PIENSO EN *MAUS,* ESA VISIÓN DEL HOLOCAUSTO EN LA QUE LOS NAZIS SON GATOS Y LOS JUDÍOS SON RATONES; PERO PIENSO TAMBIÉN EN LAS HISTORIAS DE LA OCUPACIÓN DE GAZA O DEL SITIO DE SARAJEVO, QUE NOS DEVUELVEN EN NOVELA GRÁFICA EL REPORTAJE DE GUERRA.

TODO PUEDE SER DICHO CON IMÁGENES, A CONDICIÓN DE QUE SE LO PIENSE NARRATIVAMENTE EN IMÁGENES. Y ESE ES EL RETO QUE FRANCISCO HAGHENBECK HA ASUMIDO EN ESTA RE-VISIÓN DE NUESTROS HÉROES.

HACE TIEMPO QUE NO ME SUMERGÍA DE LLENO EN UN LIBRO. HACE MUCHO QUE NO GOZABA TANTO CON UNA LECTURA. EL AUTOR NO REHUYE UN OBJETIVO PRIMORDIAL: ENSEÑAR.

ESO ES CIERTO, PERO TAMBIÉN HAY QUE DECIR QUE ENSEÑA DELEITANDO. QUE ESTE ES UN LIBRO ANTES QUE NADA DIVERTIDO, ENTRETENIDO. LAS IMÁGENES NO SON, COMO YA HE DICHO, UN COMPLEMENTO: SON ESENCIALES PARA LA NARRACIÓN. PIENSO EN EL RELATO DE CARMEN SERDÁN, QUE NO SE QUEDA EN LA ANÉCDOTA FÁCIL DEL INICIO DE LA REVOLUCIÓN Y SU CASA EN PUEBLA. NO, LA SIGUE HASTA SU LUCHA CONSTITUCIONALISTA CON CARRANZA. LA VUELVE UNA SOBREVIVIENTE DEL TRAUMA DE LA GUERRA.

O LO HACE TAMBIÉN CON GARIBALDI –A QUIEN LLAMA EL *ITALIANO* DE VILLA–, EN UNO DE LOS MEJORES RELATOS QUE CONOZCO ACERCA DEL LUCHADOR SOCIAL QUE TANTO LE DEBE A MÉXICO. MICHAEL HEER EN SUS *DESPACHOS* DICE QUE FUE NECESARIA LA GUERRA –SE REFIERE A LA DE VIETNAM– PARA ENSEÑARLE QUE ERA TAN RESPONSABLE POR TODO LO QUE VEÍA COMO POR TODO LO QUE HACÍA. "EL PROBLEMA ES QUE MUCHAS VECES NO SABÍAS LO QUE VEÍAS SINO HASTA DESPUÉS, EN ALGUNAS OCASIONES AÑOS DESPUÉS. MUCHO DE ELLO NUNCA TOMÓ FORMA, PERMANECIÓ OCULTO DENTRO DE TI, GUARDADO EN TUS OJOS". EN ESTA FRASE SE RESUME TODA LA VERDAD DE LA EXPERIENCIA TRAUMÁTICA. EL DESCONOCIMIENTO DE LO QUE OCURRE, EL ALMACENAMIENTO DEL

EVENTO Y SU REGRESO, EN OCASIONES MUCHOS AÑOS DESPUÉS, EXPERIMENTADO SIEMPRE COMO REACTUACIÓN, COMO NUEVO DESASTRE.

TODA GUERRA ES UN TRAUMA, ALGO INCOGNOSCIBLE. Y POR ESO SON TAN IMPACTANTES ESTOS FRAGMENTOS DEL LIBRO GRÁFICO QUE TIENES EN TUS MANOS, PORQUE TE SUMERGEN EN EL DOLOR, SIN TAPUJOS.

EL TRAUMA NO NIEGA LA HISTORIA, SU PAPEL ES VOLVER A ELLA DESPUÉS DEL EVENTO PARA INTENTAR COMPRENDERLA. EL PODER HISTÓRICO DEL TRAUMA RADICA PRECISAMENTE EN ESTO, EN NO PODER RECORDAR. FREUD LLAMA AL PERIODO *LATENCIA*. Y SÓLO RECUERDA, ENTONCES, QUIEN VUELVE AL LUGAR DEL CRIMEN, AL ORIGEN DEL DESASTRE; QUIEN RECREA O REVIVE EL ASUNTO OLVIDADO. NO PODEMOS PERCIBIR NADA DE LO QUE NOS OCURRE, SÓLO PODEMOS RECREARLO. NUESTRA VIDA NO ES REAL, ES UNA COPIA. ES UN SIMULACRO.

DE ALLÍ QUE HAGHENBECK UTILICE EN OTROS RELATOS DE ESTE EXCEPCIONAL LIBRO LA PRESENTACIÓN DIRECTA DE LA ESCENA MÁS DOLOROSA O MÁS FUERTE. EL LECTOR VE. CONTEMPLA. SUDA FRÍO.

ES EL CASO DEL RELATO GRÁFICO DEDICADO A FELIPE ÁNGELES, EL GENERAL HUMANISTA. AL QUE, POR CIERTO, ZAPATA LE DIJO SIN AMBAGES: "USTED ES EL ÚNICO QUE ME COMBATIÓ COMO CABALLERO".

TENEMOS TODOS LOS DETALLES DE LA BIOGRAFÍA; PERO NO ES SÓLO ESO, UN FRAGMENTO DE VIDA. HAGHENBECK NOS NARRA, CON ESCALPELO DE SOCIÓLOGO, LAS CAUSAS DE LA REVOLUCIÓN. ÁNGELES ES UN PRETEXTO IDEAL PARA SUMERGIRNOS DE LLENO EN LA LUCHA ARMADA DE NUESTRO PAÍS (OTRO TANTO OCURRIRÁ EN LA REESCRITURA DE *EL ÁGUILA Y LA SERPIENTE*, A LA QUE SE ATREVEN AL VOLVER A CONTAR LA HISTORIA DE RODOLFO FIERRO, *FIERRITO*, Y SU *FIESTA DE LAS BALAS*).

¿QUÉ CORRIGE LA *CORREGIDORA*? ES UNA PREGUNTA QUE TODOS LOS NIÑOS DE MÉXICO SE HAN HECHO ALGUNA VEZ. EN POCAS PÁGINAS, MUY INTENSAS, TENEMOS LA VIDA DE ESTA MUJER EXCEPCIONAL QUE CON *TRES GOLPES DE TACÓN* LOGRÓ DAR EL PITAZO Y ADELANTAR LA INDEPENDENCIA.

MUJERES Y HOMBRES EXCEPCIONALES DEAMBULAN POR ESTAS PÁGINAS. NO TE ENTRETENGO MÁS, QUERIDO LECTOR, SUS IMÁGENES E HISTORIAS TE ESPERAN. SALDRÁS MUY DISTINTO DE LA LECTURA DE ESTE LIBRO: HABRÁS APRENDIDO, ES CIERTO, PERO POR VEZ PRIMERA QUIZÁS ENTENDERÁS LAS RAZONES ATRÁS DE LOS HÉROES O LAS HEROÍNAS: SABRÁS AL FIN DE LAS RAZONES DE LOS HOMBRES, DE LAS MUJERES.

ERES, GRACIAS A ESTE LIBRO, UN TESTIGO PRIVILEGIADO DE LA HISTORIA (SÍ, CON MAYÚSCULAS), ESA DE LA QUE HAY QUE APRENDER TANTO PARA NO REPETIR LOS ERRORES DEL PASADO Y SÍ LAS GRANDES ENSEÑANZAS DE QUIENES HAN FORJADO EL DESTINO DE ESTE PAÍS LLENO DE TRIBULACIONES, PERO TAMBIÉN DE ESPERANZA.

PEDRO ÁNGEL PALOU

VERANO, 2010

INDEPENDENCIA

JOSÉ MARÍA MORELOS FUE EL INSURGENTE QUE DESCUBRIÓ LA MÁSCARA DEL LEVANTAMIENTO PARA PROCLAMAR LA INDEPENDENCIA DE MÉXICO. UNO DE LOS MEJORES MILITARES DE LA LUCHA Y UN FIEL SERVIDOR DE LA CAUSA, NOMBRÁNDOSE EL SIERVO DE LA NACIÓN.
ENTRE SUS TROPAS, TUVO UN BATALLÓN DE NIÑOS:
LA HEROICA COMPAÑIA DE EMULANTES
EL LEVANTAMIENTO DE LA INSURGENCIA COMENZÓ EN QUERÉTARO, DONDE SE REUNÍAN CRIOLLOS DE VARIOS ESTRATOS PARA EXIGIR, POR MEDIO DE LAS ARMAS, UN CAMBIO A LA SITUACIÓN QUE VIVÍA EN LAS COLONIAS.
AQUÍ LA ÚNICA ES IR A CAZAR GACHUPINES...
EN ESPAÑA, EL REY CARLOS IV, EN MEDIO DE INTRIGAS ENTREGÓ LA CORONA A SU HIJO FERNANDO VII. PERO TANTA DISPUTA NO LE AGRADÓ A NAPOLEÓN BONAPARTE: INVADIÓ ESPAÑA, Y FERNANDO VII FUE HECHO PRESO, TOMANDO LA CORONA PARA FRANCIA.
NAPOLEÓN COLOCÓ A SU HERMANO MAYOR, JUAN JOSÉ BONAPARTE COMO REY DE ESPAÑA.
EL PROBLEMA SE AGRAVÓ CUANDO TRATARON DE MODERNIZAR ESPAÑA Y SUS COLONIAS, QUITÁNDOLE PODER A LA IGLESIA, ABSOLVIENDO LA SANTA INQUISICIÓN Y CREANDO UN ESTADO LIBERAL.
COMO ESO NO LE GUSTÓ A NADIE, SE LEVANTARON CONTRA EL GOBIERNO IMPUESTO, QUIEN SE DEDICÓ A REPRIMIR LAS MANIFESTACIONES.
LA SITUACIÓN EN ESPAÑA NO AYUDÓ A LO QUE SUCEDÍA EN MÉXICO CON GRANDES ABUSOS DE LAS AUTORIDADES Y LOS ESPAÑOLES CON LA POBLACIÓN CRIOLLA E INDÍGENA.
ASÍ QUE, EL CURA HIDALGO EN PLENA LUCHA, SE ENCOTRÓ CON OTRO SACERDOTE DE LA ZONA DE VALLADOLID, HOY MICHOACÁN: JOSÉ MARÍA MORELOS. LE PEDÍA SER EL CAPELLÁN DE LOS REBELDES.
YO A USTED LO VEO MÁS DE GENERAL QUE DE PADRE.
Y LE ENCOMENDÓ HACER SU PROPIO EJÉRCITO.
MORELOS ASUMIÓ EL LIDERAZGO DEL MOVIMIENTO INSURGENTE TRAS LA MUERTE EN 1811 DEL CURA HIDALGO. DIO FORMA POLÍTICA A SUS IDEALES DE JUSTICIA E IGUALDAD, COLOCANDO LAS BASES PARA UNA CONSTITUCIÓN LIBERAL Y DEMOCRÁTICA QUE SERÍA APROBADA EN 1814.
...YA QUE ESPAÑA SE ENCONTRABA EN MANOS DE LOS FRANCESES Y LOS GACHUPINES CONSPIRABAN CON NAPOLEÓN, TODOS LOS AMERICANOS DEBÍAN UNIRSE EN DEFENSA DEL PAÍS".
MORELOS ORGANIZÓ UN CUERPO DE TROPAS DISCIPLINADO Y BIEN ARMADO. EN EL CURSO DE SU PRIMER CAMPAÑA POR CIUDADES CERCA DE LA COSTA, SE LE UNIERON LOS HERMANOS BRAVO, VICENTE GUERRERO, EL CURA MATAMOROS Y LOS HERMANOS GALEANA.

En la segunda campaña de Morelos, tomó varias ciudades, pero no siguió hasta Puebla. En su lugar, el 9 de febrero de 1812, Morelos regresó a Cuautla dispuesto a resistir el asalto anunciado por quien sería su némesis: **el realista Calleja**.
En la ciudad de Cuautla, un niño llamado **Narciso Mendoza** vio desfilar junto a Morelos un joven de 10 años, **Juan Nepomuceno Almonte**, quien acompañaba al héroe en todas sus batallas.
Juan Nepomuceno era realmente el hijo de Morelos, al que enseñaba el arte de la guerra. El cura le otorgó el grado de capitán debido a sus aptitudes y se organizó una tropa de chicos de su edad para que recibieran sus instrucciones y entrenamiento.
Esta "Compañía de emulantes" recibió rifles recortados para su uso. Narciso, se unió al grupo para defender la ciudad.
Su primer lucha fue el 19 de febrero cuando las fuerzas realistas de Calleja, quien dijo que tomaría Cuautla en dos horas. Nunca lo logró y el sitio duró 62 días.

UNO DE LOS JINETES REALISTAS, AL ENTENDER LO QUE SE PROPONÍA EL NIÑO, LE ATACÓ CON SU SABLE, HIRIÉNDOLO EN EL BRAZO DERECHO.
PERO AUN ASÍ NARCISO PRENDIÓ EL CAÑÓN. EL DISPARO DESBARATÓ LA COLUMNA DE ENEMIGOS, IMPIDIENDO LA ENTRADA A CUAUTLA.
¡BOOM!
MORELOS LO PREMIÓ COMO COMANDANTE Y UNA PENSIÓN. PONIÉNDOLO AL MANDO DE UN CAÑÓN CON UN GRUPO DE NIÑOS DEL BATALLÓN DE EMULANTES.

Después del 2 de mayo de 1812, que Morelos rompió el sitio de Cuautla, los niños lo siguieron en los triunfos en Tehuacán, Oaxaca y Acapulco. Pero ante el deceso de la madre de Juan, y que éste fue herido, Morelos lo mandó a Filadelfia, Estados Unidos para que estudiara, desbaratando la compañía.
Ante los problemas internos del congreso insurgente, Morelos redactó el texto de Sentimientos de la Nación, que sirvió de base para un plan de gobierno, logrando implementar un sentimiento de independencia en las colonias.
Calleja fue nombrado virrey de Nueva España y se dedicó a perseguir a Morelos, quien tuvo descalabros militares y perdió a sus más fieles seguidores: Matamoros y Galeana.
Corriendo de un lugar a otro, medio escondido y con pocas tropas, el cura Morelos fue apresado en Tezmalaca mientras ayudaba a que el congreso huyera a Tehuacán.
Fue enjuiciado por abandono de las doctrinas de la Iglesia y la adopción de herejías de autores malignos. José María Morelos fue fusilado el 22 de diciembre de 1815. Nunca volvió a ver a su hijo.

Josefa Ortiz de Domínguez
Josefa Ortiz Girón nació en una familia de españoles acomodados en Valladolid, hoy Morelia. Esta situación la convertía en criolla, por lo que el sistema de castas, le impedía tener ciertos beneficios en la Nueva España.
Su padre era capitán del Regimiento de Los Morados. Fue asesinado en el cumplimiento de su deber, cuando Josefa era apenas una niña.
La madre murió poco tiempo después.
Cuando sus padres murieron, quedó al cuidado de su hermana. Posteriormente ingresó en el prestigioso Colegio de las Vizcaínas, de la ciudad de México
Cuando aún estudiaba, conoció al abogado Miguel Domínguez...
...que al visitar el plantel se enamoró de Josefa a primera vista.
En 1791 contrajeron matrimonio. Josefa se encargó de llevar la casa y cuidar a los dos hijos del matrimonio anterior de su esposo.
Trabajo que llevó con gusto y placer.
En 1802, Miguel Domínguez fue promovido por el virrey de la Nueva España, al cargo de Corregidor de la ciudad de Querétaro.
Con esa posición, Josefa impulsó los derechos indígenas e hizo obras de caridad.

Doña Josefa Ortiz de Domínguez era una señora en toda la extensión de la palabra.
Conservadora con sus hijas, a las que no dejaba asistir a bailes o al teatro, era sin embargo una apasionada de las nuevas corrientes liberales de la ilustración.
Cuando el rey Fernando VII de España, fue depuesto por Napoleón, se desató un movimiento en las colonias con la finalidad de independizarse del nuevo gobierno impuesto. Josefa convenció a su marido para apoyar la causa.
El corregidor de Querétaro ofreció su casa para las reuniones políticas, a las que asistían distintos criollos que deseaban la deposición del nuevo régimen. Eran reuniones literarias, en las que se hablaba de las ideas liberales europeas y se tomaba chocolate.
Por eso fue llamada
LA CONSPIRACIÓN
DE
CHOCOLATE
A esas reuniones asistieron Hidalgo, Aldama y Allende, entre otros revolucionarios.
Después de la planificación, los rebeldes estaban listos para levantarse en armas el primero de octubre de 1810. Sin embargo, el 13 de septiembre fueron denunciados por varios infiltrados.
Los chismes llegaron a oídos del juez eclesiástico Rafael Gil de León, que instó para apresar a los conspiradores. El corregidor Miguel Domínguez fue obligado a catear casas, con el propósito de capturar a los líderes insurgentes.
Para protegerla...
...o por miedo de que hablara de más...
...encerró a su esposa, la corregidora, en un cuarto bajo llave.

Esa tarde del 13 de septiembre, arriesgando su vida...
...dio una señal.
Tres taconazos en el suelo.
Era la señal de peligro acordada con Ignacio Pérez, el alcalde de la cárcel, quien que vivía en la parte inferior de su casa.
Así pudo advertir al cura de Dolores, Don Miguel Hidalgo y Costilla, que al enterarse del fallido complot, decidió comenzar la revuelta diciendo:
Señores, no nos queda otra que ir a coger gachupines.
Este fue el comienzo de la lucha armada. Con Morelos cambió a la proclama de la independencia de España.
Tuvieron que pasar 11 años para lograr ese cometido.
A los corregidores también los apresaron. Josefa Ortiz, aun embarazada, fue internada en el convento de Santa Teresa la Antigua.
Nunca minó su espíritu fuerte.

Años después, el virrey Calleja, volvió a apresarla por pegar en las paredes anuncios anti realistas.
La mandaron al convento de Santa Catalina de Siena hasta 1817.
Fue de los pocos iniciadores de la rebelión que sobrevivió a la guerra.
Cuando Iturbide se coronó emperador, la invitó a ser dama de honor. Ella se opuso, fiel a sus principios libertarios.
Recibió varias condecoraciones y demás recompensas por su ayuda a la causa.
Ella los rechazó argumentando...
Sólo cumplí mi deber como patriota.
Siempre fiel a su convicción, prefirió unirse en sus últimos años a grupos liberales de carácter radical
Murió en 1829 a los 61 años.

HOLA, YO SOY...
El Polifacético Pípila
EL PÍPILA ES EL PERSONAJE HISTÓRICO MÁS CONTROVERSIAL DE LA INDEPENDENCIA DE MÉXICO. EXISTEN TANTAS VERSIONES DE SU PERSONA, QUE INCLUSO ALGUNOS NIEGAN SU EXISTENCIA.
¡SÚBALE, SÚBALE! ¡HAY LUGARES! ¡RECÓRRASE, RECÓRRASE!
LA HISTORIA CUENTA QUE, EL 28 DE SEPTIEMBRE DE 1810, EL CURA MIGUEL HIDALGO, DESPUÉS DE DECLARAR EL LEVANTAMIENTO ARMADO, DEBIDO AL DESCUBRIMIENTO DE LA CONSPIRACIÓN, DECIDIÓ TOMAR GUANAJUATO.
¿SERÁ CIERTO QUE AHÍ VENDEN DULCES CON FORMA DE MOMIA? ¡QUIERO UNO!
?
ALLENDE
LOS REALISTAS Y LOS ESPAÑOLES SE ATRINCHERARON EN LA ALHÓNDIGA DE GRANADITAS CON SUS BIENES, DINERO Y ARMAS. ÉSTA ERA UNA BODEGA PARA GUARDAR LOS GRANOS QUE SE UTILIZABAN EN TIEMPOS DE SEQUÍA.
¿AQUÍ PIDIERON UNA PIZZA?
TODOS LOS EMBATES REBELDES CONTRA LA ALHÓNDIGA RESULTARON INÚTILES. EN CINCO HORAS DE LUCHA, YA HABÍAN CAÍDO MÁS DE 200 REBELDES EN EL INTENTO DE TOMAR EL LUGAR.
NOMÁS NO SE QUIEREN SALIR, PAGRECITO...
¡ORITA LOS SERMONEO!
...
HIDALGO PIDIÓ QUE RINDIERAN LA PLAZA, PERO EL INTENDENTE DE LA ALHÓNDIGA, JUAN ANTONIO RIAÑO, SE REHUSÓ, CONVENCIDO DE LA SEGURIDAD DE SU GUARIDA.
¡YA LE DIJE QUE NO QUEREMOS CEPILLOS!
!

AL ENTERARSE DE LA SITUACIÓN, EL PÍPILA SE PROPUSO AYUDAR Y JUNTO CON LOS COMANDANTES INSURGENTES DISEÑARON UN PLAN DE ATAQUE: ÉL SE AMARRARÍA UNA GRAN LOSA DE CANTERA EN LA ESPALDA.
¡PUF! ¡SE VEÍA MÁS FÁCIL EN EL DIBUJITO QUE HICIMOS!
NO HAGA OLAS...
CON UNA ANTORCHA ENCENDIDA SE FUE HASTA LA PUERTA, GATEANDO. LAS BALAS LE REBOTABAN EN LA PIEDRA MIENTRAS UNTABA DE BREA LA ENTRADA PARA PRENDERLA.
¡BAH! ¡ME RECIBEN COMO SI FUERA YO UN COBRADOR... ¡POS ÉSTOS!
LA PUERTA ARDIÓ EN FUEGO Y ABRIÓ EL PASO A LA HORDA DE LOS INSURGENTES. ELLOS ENTRARON EN EL REFUGIO, MASACRANDO A TODOS LOS REALISTAS, INCLUSO AL INTENDENTE RIAÑO.
COMO QUE SE NOS PASÓ LA MANO, ¿NO CREEN?
MEJOR DENME UNA MANO CON ESTOS MUERTOS...
SÍ, MANO...
PERO ¿QUIÉN ERA REALMENTE EL PÍPILA? Y... ¿EN VERDAD EXISTIÓ?
OIGAN... ¿YA PUEDO QUITARME ESTA PIEDROTA?
LA VERSIÓN "OFICIAL" DICE QUE FUE JUAN JOSÉ DE LOS REYES MARTÍNEZ AMARO, NACIDO EN 1782, EN SAN MIGUEL EL GRANDE, GUANAJUATO. LABORABA EN LAS MINAS DE GUANAJUATO COMO CAPATAZ.
¡DESDE ENTONCES ME GUSTABAN LAS PIEDRAS!
MINA
DEL APODO HAY DOS VERSIONES: QUE LOS MINEROS LE DECÍAN EL PÍPILA PORQUE ESTABA PECOSO Y PARECÍA GUAJOLOTE
... O QUE SU RISA SE ASEMEJABA AL GRAZNIDO DE LOS PAVOS...
¿QUÉ DIJISTE?
SU MOCO
¡GORDO GORDO GORDO!

INCLUSO SE DICE QUE ERA COMPADRE DEL INTENDENTE RIAÑO, EL MISMO QUE MURIÓ EN LA ALHÓNDIGA DE GRANADITAS. ESTA ANÉCDOTA LE DA UN TOQUE DRAMÁTICO A LA HISTORIA.
¡NOO! ¡COMPADRITO SANTO!
RECUÉRDENME COMO UN REFORMADOR...
EL PÍPILA, AL PARECER, SE ENLISTÓ EN LAS FILAS INSURGENTES CON VARIOS DE SUS COMPAÑEROS Y ABANDONÓ SU LABOR COMO MINERO EN LA BÚSQUEDA DE UNA MEJOR VIDA.
¡YA NO ME ROMPERÉ MÁS LA ESPALDA!
NUESTRO PERSONAJE TOMÓ PARTE EN MUCHAS ACCIONES GUERRERAS MÁS, Y UNA VERSIÓN HABLA DE QUE MURIÓ EN EL ENFRENTAMIENTO EN MAGÜEY. OTRA, QUE MURIÓ EN 1863, EN LA CIUDAD DE ALLENDE, GUANAJUATO, COMO CONSECUENCIA DEL POLVO Y LOS GASES DE LA MINA.
SU ÚLTIMA VOLUNTAD FUE SER VELADO JUNTO CON SU PIEDROTA...
E INCLUSO UNA MÁS, QUE MURIÓ ANCIANO A LOS 93 AÑOS.
YA HASTA SE ME GASTÓ LA PIEDRA... CHOY CHOY...
EN UNO DE LOS TEXTOS DE LICEAGA SE HABLA DE UN MINERO DE MELLADO LLAMADO MARIANO, QUE TRABAJABA POR LOS RUMBOS DE LA ZONA, QUIEN PODRÍA SER EL PÍPILA.
NO LO SÉ... LA PIEDRA NO ME CONVENCE...
HISTORIADOR
NI EL GOBIERNO SE PONÍA DE ACUERDO QUIÉN ERA: TANTO JUÁREZ COMO MAXIMILIANO ACEPTARON A LAS HIJAS DE JOSÉ MARÍA BARAJAS COMO HEREDERAS DEL PÍPILA, PERO EN 1934, SE PIDIÓ APOYO ECONÓMICO A LOS DIPUTADOS PARA LA VIUDA Y LA NIETA DE JUAN JOSÉ MARTÍNEZ.
¿OTRO HEREDERO? ¿CUÁNTOS FALTAN?

AL PARECER NO HAY NADA CONCRETO ACERCA DE ESTE OSADO PERSONAJE. AUNQUE YA ES PARTE DE LA CULTURA HISTÓRICA DE MÉXICO, ALGUNOS HISTORIADORES NIEGAN SU EXISTENCIA.
EL PÍPILA NO EXISTIÓ AYER, NI HOY, NI MAÑANA...
!
EN LOS LIBROS DE TEXTO DE TIEMPOS DEL PRESIDENTE SALINAS, EL PÍPILA FUE SACADO TOTALMENTE DE LA HISTORIA.
¡NO JALEN, QUE DESCOBIJAN!
¡POP!
ANTE TODO ESTO, JORGE IBARGÜENGOITIA DIJO CON SARCASMO:
¿A POCO CREES QUE EL PÍPILA FUE UN HÉROE? ¿NO SE TE OCURRE PENSAR QUE EL ESPAÑOL REBELDE LE GRITÓ AL INDÍGENA HUMILDE: "OYE TÚ, PÍPILA, ÉCHATE UNA LOSA AL LOMO Y VE A QUEMAR ESA PUERTA"?
'TOY CHIPILÓN...
TAMBIÉN HAY DUDAS ACERCA DE SI UNA ANTORCHA PUDO QUEMAR TODA LA PUERTA. HAY VERSIONES QUE MENCIONAN QUE LLEVABA CONSIGO UN BOTE DE PÓLVORA Y LO USÓ A MANERA DE EXPLOSIVO.
SI ALGO SALE MAL, ¡TE ECHAS A CORRER!
PIEDROTA
'TA PESADA
'TA LINDA
PÓLVORA
SI CON TRABAJOS PUEDO CAMINAR ¡PUF, PUF!
OTRA TEORÍA ES QUE FUE UN "ESCUADRÓN DE PÍPILAS" LIDERADOS POR JUAN JOSÉ MARTÍNEZ. TODOS CON LOZAS EN LA ESPALDA PARA LOGRAR PRENDER UNA PUERTA TAN GRANDE.
¡QUÉ BONITO! ¡PARECEN TORTUGUITAS!
¡SIN PIEDAD!
AUN SIN SABER QUIÉN FUE REALMENTE EL PÍPILA O CÓMO SUCEDIÓ EL EVENTO ES RECONFORTANTE SABER QUE UN PERSONAJE DEL PUEBLO FUE CAPAZ DE TAN OSADO ACTO DE VALENTÍA.
¡TODO SE LO DEBO A MI PIEDROTA!
¡OH! ¡GRACIAS!
FIN
Jranele 2010

UN PERSONAJE POCO CONOCIDO DE LA INDEPENDENCIA ES MARÍA IGNACIA RODRÍGUEZ DE VELASCO, MEJOR CONOCIDA COMO "LA GÜERA" RODRÍGUEZ.
UNA DAMA DE LA ALTA NOBLEZA QUE ESCANDALIZÓ LA MENTALIDAD CONSERVADORA DE SU TIEMPO Y TUVO MUCHOS AMORÍOS. ENTRE ELLOS, VON HUMBOLDT, SIMÓN BOLÍVAR Y AGUSTÍN DE ITURBIDE.
POSEÍA UN CARÁCTER JUGUETÓN Y UNA PLÁTICA ENCANTADORA; OCUPÓ SU ATRACTIVO FÍSICO PARA CONQUISTAR LO QUE DESEABA. SE INVOLUCRÓ TANTO CON INSURGENTES COMO CON REALISTAS.
ESPAÑOLA DE ORIGEN, NACIÓ EL 20 DE NOVIEMBRE DE 1778. TENÍA HERMOSO CABELLO RUBIO, OJOS AZULES Y UNA FIGURA OPULENTA.
A LOS DIECISÉIS AÑOS SE CASÓ CON UN MILITAR RECONOCIDO, JOSÉ JERÓNIMO LÓPEZ DE PERALTA, POR DECISIÓN DEL VIRREY DE LA NUEVA ESPAÑA, PUES ÉSTE NO APROBABA LA ACTITUD DESINHIBIDA DE ESTA MUJER.
AL PRINCIPIO, ASUMIÓ SU PAPEL DE ESPOSA SUMISA, PERO AL POCO TIEMPO SALIÓ A RELUCIR SU CARÁCTER COQUETO Y AVENTURERO. APROVECHÓ SU POSICIÓN SOCIAL PARA CONVERTIRSE EN DAMA DE COMPAÑÍA DE FAMOSOS Y RICOS.

CUANDO SIMÓN BOLÍVAR, MUY JOVEN, EN SU VIAJE EN EL BUQUE "SAN IDELFONSO", HIZO ESCALA EN MÉXICO, RUMBO A ESPAÑA, CONOCIÓ A LA GüERA RODRÍGUEZ, CON LA QUE TUVO UN TÓRRIDO ROMANCE.
EL NATURISTA Y EXPLORADOR ALEMÁN ALEXANDER VON HUMBOLDT HIZO SU AFAMADO VIAJE DE DESCUBRIMIENTOS EN GEOGRAFÍA Y CIENCIAS Y, AL CONOCERLA, QUEDÓ PRENDIDO DE ELLA. DESPUÉS DE TENER UN AMORÍO, SE HICIERON AMIGOS Y CONTINUARON ESCRIBIÉNDOSE.
EL ESPOSO DESCUBRIÓ SUS CONSTANTES AVENTURAS Y LA ACUSÓ DE ADULTERIO. LA CONFRONTÓ, LA GOLPEÓ Y TRATÓ DE ASESINARLA CON UNA PISTOLA AL ENTERARSE DE SU TRAICIÓN MARITAL.
EL OFICIAL PIDIÓ LA INTERVENCIÓN JURÍDICA Y ECLESIÁSTICA DE LOS TRIBUNALES EN LA NUEVA ESPAÑA PARA QUE RECIBIERA CASTIGO, PERO LA FAMILIA DE LA GüERA LA MUDÓ CON SU TÍO, DON LUIS OSORIO BARBA, ADMINISTRADOR DE LA REAL CASA DE MONEDA.

EL CAPITÁN FUE TRASLADADO A QUERÉTARO Y MURIÓ EN 1805, POR UN MAL DE HÍGADO, SEGURAMENTE ACRECENTADO POR LOS PROBLEMAS EN SU MATRIMONIO.
ENTONCES LA GüERA CONTRAJO MATRIMONIO POR SEGUNDA OCASIÓN CON MARIANO BRIONES, UN ANCIANO DE GRAN FORTUNA, QUE MURIÓ UNOS MESES MÁS TARDE Y LA DEJÓ VIUDA Y RICA.
APOYÓ LA CAUSA INSURGENTE CON SU DINERO Y SUS RELACIONES; ESO LA LLEVÓ A SER ACUSADA DE HEREJÍA POR DEFENDER LA INDEPENDENCIA Y POR HABER MANTENIDO TRATO CON EL CURA MIGUEL HIDALGO.
FUE PRESENTADA ANTE EL TRIBUNAL DE LA SANTA INQUISICIÓN EN 1811, MAS FUE ABSUELTA POR FALTA DE PRUEBAS, DESPUÉS DE QUE ELLA SACARA A RELUCIR LA "DUDOSA" MORALIDAD Y ORIENTACIÓN SEXUAL DEL INQUISIDOR.

TUVO UNA RELACIÓN SENTIMENTAL CON AGUSTÍN DE ITURBIDE, EL MILITAR REALISTA. INFLUYÓ MUCHO EN SUS DECISIONES Y LO APOYÓ CON LA FINALIDAD DE QUE FUERA ELEGIDO PARA TERMINAR LA INDEPENDENCIA MEDIANTE UN ARREGLO CON LOS INSURGENTES.
LA GÜERA RODRÍGUEZ LOGRÓ QUE LA MARCHA MILITAR DEL EJÉRCITO TRIGARANTE QUE DESLUMBRABA A LA CAPITAL SE DESVIARA HASTA PASAR FRENTE A SU PROPIA CASA -COMO LE HABÍA PEDIDO A ITURBIDE- Y LE ENTREGARA UNA FLOR.
ELLA SE CASÓ NUEVAMENTE, ESTA VEZ CON MANUEL DE ELIZALDE, CON QUIEN PERMANECIÓ HASTA LA MUERTE.
SE DICE QUE LA IMAGEN DE LA VIRGEN SITUADA A LA DERECHA DEL ALTAR MAYOR DE LA IGLESIA DE LA PROFESA, ESCULPIDA POR EL RECONOCIDO ARTISTA MANUEL TOLSÁ, ESTUVO INSPIRADA EN ELLA.
INCREÍBLEMENTE, DESPUÉS DE UNA VIDA DESENFADADA Y BANAL, SUS ÚLTIMOS AÑOS LOS DEDICÓ A LA DEVOCIÓN RELIGIOSA EN LA TERCERA ORDEN DE FRANCISCANOS, Y DESPUÉS DE SU MUERTE, SU ESPOSO MANUEL DE ELIZALDE, SE CONVIRTIÓ EN SACERDOTE.

MARIANO MATAMOROS
ERA EL LUGARTENIENTE DE MORELOS EN LA LUCHA INSURGENTE. FUE UN GRAN MILITAR AUNQUE, AL IGUAL QUE MORELOS E HIDALGO, ERA CURA DE PROFESIÓN. VALEROSO, RECTO Y UN FIEL CREYENTE DE LA INDEPENDENCIA DEL PAÍS.
NACIÓ EN LA CIUDAD DE MÉXICO EL 14 DE AGOSTO DE 1770, PERO CRECIÓ EN LA ZONA DE TLAXCALA.
SE ORDENÓ SACERDOTE Y OFICIÓ EN VARIAS PARROQUIAS HASTA QUEDAR COMO PÁRROCO DE JATETELCO. AHÍ COMENZÓ A SIMPATIZAR CON LAS IDEAS LIBERALES DE LOS CRIOLLOS, POR LO QUE FUE DENUNCIADO A LAS AUTORIDADES ESPAÑOLAS.
TUVO QUE HUIR DEBIDO A ESAS CREENCIAS POLÍTICAS Y ENROLARSE EN EL EJÉRCITO DE MORELOS, JUNTO CON SU HIJO LINO MARIANO, EN IZÚCAR. EL GENERAL INSURGENTE LE ENCOMENDÓ FORMAR SU PROPIO EJÉRCITO.
PARA SORPRESA DE MORELOS, MATAMOROS HIZO DOS REGIMIENTOS DE CABALLERÍA, DOS DE INFANTERÍA Y UNO DE ARTILLERÍA. SIENDO UNO DE LOS MEJORES DE LA GUERRA DE LA INDEPENDENCIA.

COMO SU COMANDANTE LUCHÓ EN LAS BATALLAS DE TECUALOYA Y TENANCINGO. ERA UN GRAN ESTRATEGA MILITAR Y UN EXCELENTE JINETE.
TENÍA 45 AÑOS, ERA CHAPARRITO, DELGADO, PICADO POR LA VIRUELA, RUBIO DESABRIDO Y CON UN OJO DESVIADO.
PERO POSEÍA UNA POTENTE VOZ DE MANDO, A LA QUE TODOS OBEDECÍAN.
ERA UN FUMADOR EMPEDERNIDO DE PURO.
HIZO UN HOYO EN SU SILLA DE MONTAR PARA COLOCAR SU CIGARRO Y TENER LIBRES LAS MANOS PARA EL MACHETE Y LAS RIENDAS.
FUE PARTE FUNDAMENTAL EN LA RESISTENCIA DEL SITIO DE CUAUTLA. LA COMIDA ESCASEABA DESPUÉS DE VARIOS DÍAS, ASÍ QUE SIETE VECES INTENTÓ ABRIR EL CERCO DE LOS REALISTAS SIN LOGRARLO.
MATAMOROS LES PIDIÓ A SUS JINETES QUE SE COMIERAN LOS CUEROS DE LAS BRIDAS PARA TOMAR FUERZA.

ASÍ LO HICIERON.
MATAMOROS LOGRÓ ROMPER EL CERCO Y PUDO REUNIRSE EN OCUITUCO CON MIGUEL BRAVO PARA REGRESAR CON VÍVERES PARA LOS EJÉRCITOS DE MORELOS.
OBTUVO GRANDES VICTORIAS, COMO LA BATALLA DE OAXACA Y TONALÁ. DERROTÓ AL BATALLÓN DE ASTURIAS EN SAN AGUSTÍN DEL PALMAR.
SIN EMBARGO, SUFRIÓ UNA SERIE DE DERROTAS EN VALLADOLID Y EN LAS LOMAS DE SANTA MARÍA, DONDE SU EJÉRCITO FUE PRÁCTICAMENTE ANIQUILADO POR AGUSTÍN DE ITURBIDE.

HUYÓ A LA HACIENDA DE PURUARÁN. EN UN ATAQUE SORPRESA DE LOS REALISTAS TRATÓ DE HUIR POR UN RIACHUELO, MAS FUE ATRAPADO POR UN DRAGÓN REALISTA.
LO LLEVARON A LA PRISIÓN DE VALLADOLID Y LO INTERROGARON ACERCA DE LAS FORTUNAS EN PLATA Y ORO QUE HABÍA GANADO EN SUS BATALLAS. EXPLICÓ QUE SE USARON PARA SOSTENER EL MOVIMIENTO.
¿TODAVÍA NO COMPRENDEN QUE LA REVOLUCIÓN SE HACE POR HONRA Y NO POR BENEFICIO?
Y COMO EXPLICÓ QUE ÉL NO POSEÍA NADA, EXIGIÓ QUE LAS AUTORIDADES LO AFEITARAN Y LE CORTARAN EL PELO, YA QUE NO TENÍA DINERO PARA PAGARLO Y DESEABA MORIR ACICALADO.
ASÍ LO FUSILARON, A PESAR DE QUE MORELOS INTENTÓ INTERCAMBIARLO POR 200 SOLDADOS PRESOS. FUERON NECESARIAS DOS DESCARGAS DEL PELOTÓN PARA ACABAR CON LA VIDA DE ESTE HOMBRE QUE LUCHÓ POR LA LIBERTAD DE LA PATRIA.

Hermenegildo Galeana
ERA VIUDO Y UN HOMBRE MADURO CUANDO SE UNIÓ A LA INSURGENCIA. NO SABÍA LEER NI ESCRIBIR, PERO AUN ASÍ SE CONVIRTIÓ EN UN ESTRATEGA MILITAR IMPORTANTE Y EN UNO DE LOS LÍDERES MÁS QUERIDOS DE LA INDEPENDENCIA.
NACIÓ EN TÉCPAN, MUNICIPIO DE GUERRERO. SU LINAJE VENÍA DE UN PIRATA INGLÉS DE NOMBRE LUCIUS GALEN...
...QUE AL PARECER NAUFRAGÓ EN LAS COSTAS DE ACAPULCO.
PERTENECÍA A UNA FAMILIA DE HACENDADOS CRIOLLOS, QUIENES ERAN DUEÑOS DE LA HACIENDA DEL ZANJÓN. HASTA AHÍ LLEGARON LAS NOTICIAS DE LA PRIMERA CONSPIRACIÓN EN CONTRA DEL GOBIERNO VIRREINAL.
LA FAMILIA GALEANA TENÍA SENTIMIENTOS LIBERTARIOS Y, AL ENTERARSE DEL INICIO DE LA INSURRECCIÓN DE ALLENDE E HIDALGO, DECIDIERON UNIRSE A LA CAUSA DE INMEDIATO CUANDO PASÓ POR LA HACIENDA EL EJÉRCITO DE MORELOS CON RUMBO HACIA ACAPULCO.
JOSÉ ANTONIO GALEANA, SUS PRIMOS FERNANDO, JUAN JOSÉ, ANTONIO Y PABLO, SU SOBRINO, SE PUSIERON A LAS ÓRDENES DE MORELOS. SIN EMBARGO, EL MAYOR DE TODOS, DON HERMENEGILDO, QUE YA CONTABA CON 48 AÑOS, NO LO HIZO.

SIN EMBARGO, LAS IDEAS FUERON MÁS FUERTES Y ABRAZÓ LA LUCHA DE LA INDEPENDENCIA, PONIÉNDOSE A LAS ÓRDENES DE MORELOS SIN CONDICIONES.
DON JOSÉ MARÍA MORELOS, SÓLO TRAIGO MI BRAZO.
¿PARA QUÉ QUIERO MÁS?
HERMENEGILDO GALEANA SE PROBÓ COMO GRAN LÍDER CUANDO EL REALISTA NICOLÁS DE COSÍO ATACÓ EL EJERCITO INSURGENTE Y TOMÓ EL MANDO PARA OBTENER LA VICTORIA EN ESA BATALLA.
ANTE ESTA DEMOSTRACIÓN DE LIDERAZGO, MORELOS PERSONALMENTE LO NOMBRÓ SU LUGARTENIENTE, SU MANO IZQUIERDA. ERA UN MILITAR SABIO Y LOS REALISTAS LE TEMÍAN POR SU VALENTÍA.
CUANDO LLEGÓ A LA HACIENDA DE CHICHIHUALCO, ENCONTRÓ A UNA FAMILIA CON LOS MISMOS INTERESES Y SENTIMIENTOS POLÍTICOS QUE ÉL: DON LEONARDO BRAVO, SUS TRES HERMANOS Y SU HIJO NICOLÁS. LOS INVITÓ A QUE SE UNIERAN A MORELOS Y ELLOS ACEPTARON DE INMEDIATO.
"TATA GILDO", COMO LO CONOCÍAN, SE HACÍA ACOMPAÑAR DE UN GRUPO DE AFRO AMERICANOS DE LA COSTA QUE BLANDÍAN GRANDES MACHETES. ÉSTOS ERAN EL TERROR DE LOS ESPAÑOLES.
UN DÍA MIENTRAS TOMABAN UN BAÑO EN EL RÍO FUERON ATACADOS POR EL REALISTA BRIGADIER GARROTE.
SIN PODER VESTIRSE, CON MACHETE EN MANO, TODOS MOJADOS Y DESNUDOS, HICIERON HUIR, COMO DEMONIOS, A LOS SOLDADOS DEL VIRREY.

LA FAMILIA GALEANA HABÍA PUESTO A SERVICIO DE LA LUCHA UN PEQUEÑO CAÑÓN AL QUE LLAMABAN "EL NIÑO". PROVENÍA DE UN BARCO DE GUERRA INGLÉS.
FUE EL PRIMER CAÑÓN A LA ORDEN DE MORELOS Y CAUSÓ ESTRAGOS ENTRE LOS REALISTAS.
TATA GUIDO FUE UNA PIEZA CLAVE EN EL SITIO DE CUAUTLA CON MORELOS, COMO PARTE FUNDAMENTAL PARA ROMPER EL CERCO DE CALLEJA. DE FORMA CONJUNTA CON BRAVO, GALEANA MARCHÓ PARA OBTENER EL CONTROL DE TENANCINGO, AUNQUE NO LO LOGRÓ.
ASÍ, SE RETIRÓ A CUAUTLA CON EL GRUPO DE MORELOS Y AHÍ SE ATRINCHERARON AL SABER QUE LAS FUERZAS REALISTAS DE CALLEJA LLEGARÍAN. EL SITIO DE CUAUTLA DURÓ 72 DÍAS SIN QUE LOS REALISTAS LOGRARAN ROMPER EL CERCO.
EL 2 DE MAYO DE 1812 LOS INSURGENTES PUDIERON SALIR EN SECRETO.
DESPUÉS DEL SITIO, EL EJÉRCITO SE DIVIDIÓ EN TRES. UNA PARTE LA DIRIGIÓ HERMENEGILDO GALEANA, QUE TOMÓ TAXCO Y SE HIZO DE UN GRAN BOTÍN DE PLATA QUE SIRVIÓ PARA SUBSIDIAR LA INDEPENDENCIA.

HERMENEGILDO FUE UN ELEMENTO IMPORTANTE, JUNTO CON MORELOS, EN LA BATALLA DE OAXACA. PARA DAR UN ESCARMIENTO, MANDÓ A FUSILAR A TODOS LOS SOLDADOS REALISTAS.
EN LA TOMA DE ACAPULCO, LOS GALEANA ESTUVIERON AL MANDO DE VARIOS GRUPOS. PABLO Y HERMENEGILDO ATACARON POR MAR EL BARCO GUADALUPE QUE VENÍA LLEGANDO DE GUAYAQUIL.
HERMENEGILDO GALEANA ESTABA CANSADO DE LUCHAR Y DE TENER ENFRENTAMIENTOS CON EL CONGRESO. DECIDIÓ PERMANECER ESCONDIDO EN TECPAN PERO, EN UN ENFRENTAMIENTO CON LA TROPA REALISTA DE JOAQUÍN LEÓN, MURIÓ DECAPITADO EL 27 DE JUNIO DE 1814.
SU MUERTE FUE UN DURO GOLPE PARA MORELOS, QUE SE SINTIÓ DESPROTEGIDO. LOS INSURGENTES PERDIERON AL MÁS NOBLE Y VIEJO GUERRERO DEL MOVIMIENTO, AUNQUE SU MEMORIA LOS ACOMPAÑÓ EL RESTO DE LA LUCHA.
FIN

Leona Vicario no sólo fue una valiente heroína de la Independencia, sino una mujer comprometida con la prensa libre y, antes que nada, enamorada de su esposo.
Nació el 10 de abril de 1789, en la ciudad de México. Provenía de una familia criolla acomodada.
Pero a los 18 años quedó huérfana. Su tío, el abogado don Agustín Pomposo fue su tutor y albacea de su herencia.
En el despacho de su tutor laboraba un joven estudiante de leyes: Andrés Quintana Roo. Era un liberal creyente de la independencia de México.
Los dos se enamoraron profundamente gracias a sus ideas afines y la firme convicción de libertad.
Leona, eres aire que me da alas cual gorrión.
Sí, pidiendo libertad...
Cuando Andrés pidió la mano de Leona, su tío se la negó rotundamente. No aprobaba su inclinación política, pues era un realista recalcitrante.
¡Habrase visto! ¡Leona unida con un revoltoso insurgente!

QUINTANA ROO SE UNIÓ A LAS FUERZAS MILITARES DE IGNACIO LÓPEZ RAYÓN. LEONA, DESDE LA CAPITAL, SE CONVIRTIÓ EN ESPÍA, MENSAJERA Y PROVEEDORA DE BIENES PARA LA CAUSA.
¡BANG!
¡BANG!
JUNTO CON OTROS FAMILIARES SE UNIERON AL GRUPO DE POLÍTICOS DE LA CAPITAL LLAMADO LOS GUADALUPES, QUIENES APOYABAN A LOS INSURGENTES.
ÉSTAS SON LAS FUERZAS QUE NOS LLEVARÁN AL TRIUNFO.
ARRIESGANDO SU VIDA, CONTRABANDEÓ ARMAS Y COMIDA PARA EL EJÉRCITO INSURGENTE. ADEMÁS, RECLUTÓ GENTE PARA CONTINUAR LA LUCHA.
ELLA FUE QUIEN DIO LA NOTICIA EN MÉXICO DE QUE LOS INSURGENTES ACUÑABAN MONEDA PROPIA. GASTÓ TODO SU PATRIMONIO, AUN SUS JOYAS, PARA AYUDAR A LOS INSURRECTOS.
PARA MANDAR MENSAJES A LOS INSURGENTES, ESCRIBÍA ARTÍCULOS EN CLAVE EN EL PERIÓDICO "EL ILUSTRADOR MEXICANO". PARA ELLO INVENTÓ UNA SERIE DE SEUDÓNIMOS.
¿QUIÉN ESCRIBE?
QUE SEA "PALOMA DEL MONTE".
EN 1813 FUE DESCUBIERTA POR SU TÍO, QUE DE INMEDIATO LA DENUNCIÓ POR CONSPIRADORA.

SU TÍO LA INTERNÓ EN EL CONVENTO DE BELEM DE LAS MOCHAS CON SENTENCIA DE POR VIDA. ADEMÁS, LOGRÓ CONFISCARLE SUS BIENES PARA QUE NO SE LOS DIERA A LOS INSURGENTES.
FUE RESCATADA Y DISFRAZADA DE MULATA. SALIÓ CABALGANDO SOBRE UN ASNO QUE LLEVABA CUEROS DE PULQUE PARA EVITAR QUE LA RECONOCIERAN.
¿QUIÉN VIVE?
VENDO CURADO, CURADO DE GUAYABA...
LLEGÓ A REFUGIARSE A TLALPUJAHUA, DONDE OPERABA EL LICENCIADO IGNACIO LÓPEZ RAYÓN. AHÍ SE UNIÓ A LAS FUERZAS INSURGENTES.
POR FIN LOGRÓ REENCONTRARSE CON SU AMOR, ANDRÉS QUINTANA ROO, Y SE CASÓ CON ÉL.
ENTRE SUS FALDAS LLEVABA UNA PEQUEÑA IMPRENTA QUE SERVIRÍA PARA DIFUNDIR NOTICIAS DE LOS INSURGENTES.
CONTINUÓ SUS ANDANZAS MILITARES, PROMOVIENDO CON SU IMPRENTA LOS IDEALES INDEPENDENTISTAS. FUE EN UNA CUEVA QUE, EN 1818, DIO A LUZ A SU PRIMOGÉNITA.
YO HUIRÉ, PERO TÚ REGRESARÁS A LA CIUDAD. ES PELIGROSO PARA UNA RECIÉN NACIDA.

LEONA RECIBIÓ UN INDULTO DEL VIRREY PARA PODER VIVIR TRANQUILA CON SU HIJA EN MÉXICO, DONDE SOBREVIVIÓ ESCRIBIENDO EN PERIÓDICOS.
QUERIDO, YO TE ESPERARÉ HASTA EL FIN DEL MUNDO.
CONSUMADA LA INDEPENDENCIA, ITURBIDE NOMBRÓ A QUINTANA ROO SUBSECRETARIO DE ESTADO Y DEL DESPACHO DE RELACIONES INTERIORES Y EXTERIORES.
EN 1823, LEONA VICARIO SOLICITÓ AL CONGRESO CONSTITUYENTE QUE LE FUERAN DEVUELTAS LAS PROPIEDADES QUE LE HABÍAN CONFISCADO. ÉSTAS LE FUERON DEVUELTAS.
EN 1830 ANASTASIO BUSTAMANTE Y LUCAS ALAMÁN MANDARON APREHENDER A SU ESPOSO. ELLA LOS ENFRENTÓ CARA A CARA.
¡YA DEJEN LIBRE A QUINTANA ROO Y LLÉVENSE A ESTA LATOSA!
LEONA SE DEDICÓ A ACTIVIDADES INTELECTUALES AL LADO DE SU ESPOSO. SU CULTURA ERA VASTA Y SORPRENDENTE PARA UNA MUJER DE SU ÉPOCA.
MURIÓ EL 21 DE AGOSTO DE 1842, EN LA CIUDAD DE MÉXICO. ¡UNA DE LAS GRANDES MUJERES DE LA PATRIA!

MINA TUVO TANTA CONFIANZA EN LA LUCHA INSURGENTE MEXICANA QUE, SIENDO ESPAÑOL, VINO A LUCHAR EN NOMBRE DE LA LIBERTAD DEL PAÍS JUNTO CON UN GRUPO DE SOLDADOS.

FRANCISCO JAVIER MINA

NACIÓ EN DICIEMBRE DE 1789 EN NAVARRA, ESPAÑA, EN UNA FAMILIA DE COMERCIANTES BURGUESES. ESTUDIÓ EN EL SEMINARIO DE PAMPLONA Y LUEGO EN ZARAGOZA. FINALMENTE, CONCLUYÓ ESTUDIOS DE JURISPRUDENCIA.

SE ALISTÓ EN EL EJÉRCITO DEL CENTRO PARA COMBATIR LA INVASIÓN DE NAPOLEÓN A ESPAÑA. JUNTO CON UN GRUPO DE GUERRILLEROS, ESTUVO EN FIEROS COMBATES CON EL RANGO DE CORONEL.

FUE APRESADO Y ENVIADO A FRANCIA, DONDE FUE ENCERRADO EN EL CASTILLO DE VINCENNES. ALLÍ ESTUDIÓ MATEMÁTICAS Y CIENCIAS MILITARES.

CON LA REPOSICIÓN DEL REY FERNANDO VII COMO SOBERANO, VOLVIÓ A SU PATRIA. AHÍ SE DIO CUENTA DE QUE EL RETORNO DEL REY NO ERA LA SOLUCIÓN. MINA INTENTÓ UNA REVOLUCIÓN PARA RESTABLECER LA CONSTITUCIÓN. AL SER DESCUBIERTO, HUYÓ A INGLATERRA. AHÍ CONOCIÓ A FRAY SERVANDO TERESA DE MIER.

MIER ERA UNO DE LOS LÍDERES INSURGENTES MEXICANOS, QUE BUSCABA APOYO PARA LA CAUSA. LE PLATICÓ ACERCA DE LA INDEPENDENCIA DE MÉXICO Y LOGRÓ QUE EL NAVARRO SE UNIERA A LA CAUSA. ÉSTE, DE INMEDIATO, PLANEÓ UNA EXPEDICIÓN PARA AYUDAR A LOS INSURGENTES DE LA NUEVA ESPAÑA.

FLETÓ UN BARCO POR SU CUENTA, JUNTO CON EL PADRE TERESA DE MIER Y 22 OFICIALES ESPAÑOLES, ITALIANOS E INGLESES QUE LUCHARÍAN POR MÉXICO. SALIÓ DEL PUERTO DE LIVERPOOL, EL 15 DE MAYO DE 1816.

LLEGÓ A ESTADOS UNIDOS, DONDE ORGANIZÓ UN EJÉRCITO. ARMÓ DOS EMBARCACIONES, DIRIGIDAS POR NORTEAMERICANOS, QUE MANDÓ POR DELANTE. ÉL SALIÓ DE GALVESTON, EL 16 DE MARZO DE 1817.

LLEGÓ A LA DESEMBOCADURA DEL RÍO BRAVO DEL NORTE, DONDE SE DETUVO PARA PROVEERSE DE AGUA, Y AHÍ DIRIGIÓ UNA PROCLAMA A SUS SOLDADOS. EN ÉSTA LES PIDIÓ DISCIPLINA Y RESPETO A LA RELIGIÓN, A LAS PERSONAS Y A LAS PROPIEDADES.

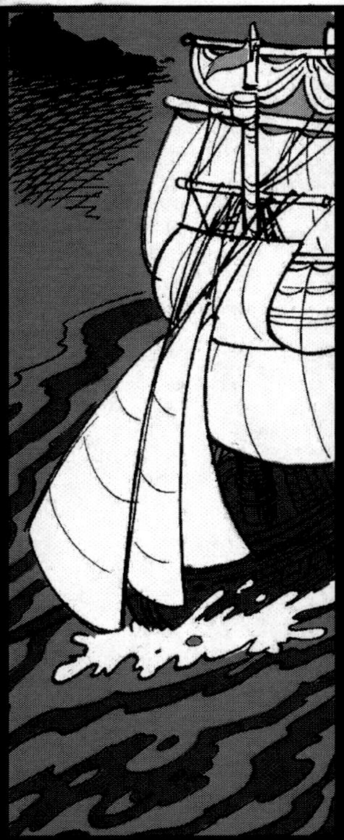

EL 15 DE ABRIL, NAVEGANDO HACIA EL SUR, DESEMBARCÓ EN SOTO LA MARINA, POBLACIÓN QUE TOMÓ POR ESTAR ABANDONADA. EN UNA IMPRENTA QUE LLEVABA CONSIGO, IMPRIMIÓ OTRA PROCLAMA. EN ELLA MANIFESTÓ LOS MOTIVOS DE SU INTERVENCIÓN EN NUEVA ESPAÑA.

LA FRAGATA ESPAÑOLA DE GUERRA, "SABINA", SE PRESENTÓ EN SOTO LA MARINA Y HUNDIÓ UNO DE LOS BARCOS DE MINA, OTRO QUEDÓ EMBARRANCADO Y EL TERCERO HUYÓ. MINA DECIDIÓ PELEAR EN TIERRA ADENTRO CON 300 HOMBRES. ASÍ SE APODERÓ DE 700 CABALLOS.

BROM!
BROM!

ESA ACCIÓN REVIVIÓ LA INDEPENDENCIA, YA QUE LOS LÍDERES INSURGENTES HABÍAN SIDO LIQUIDADOS. SÓLO GUERRERO Y EL MÁS CHICO DE LOS GALEANA CONTINUABAN LA LUCHA ESCONDIDOS EN LA SIERRA. LA IDEA DE QUE UN EJÉRCITO EXTRANJERO LUCHARA POR EL PAÍS MOTIVÓ A LA POBLACIÓN A CONTINUAR PELEANDO.

DURANTE EL MES DE JUNIO TUVO GRANDES VICTORIAS; TOMÓ VALLE DEL MAÍZ, PEOTILLAS Y REAL DE PINOS. UNIDO A UNA PARTIDA INSURGENTE ENTRÓ EN EL FUERTE DEL SOMBRERO...

Y SE UNIÓ A PEDRO MORENO...

...PERO, EN CAMBIO, EN SOTO LA MARINA FUERON DERROTADOS LOS SOLDADOS QUE DEJÓ. Y EL PADRE TERESA DE MIER FUE APREHENDIDO.

EL PRIMERO DE AGOSTO, EL MARISCAL REALISTA LIÑÁN SE PRESENTÓ CON UN GRAN EJÉRCITO FRENTE AL FUERTE DEL SOMBRERO Y LO PUSO EN SITIO.
BOWN
BOWN
LOS DEFENSORES DE LA FORTIFICACIÓN INTENTARON SALIR EN BUSCA DE VÍVERES, PERO NO LO LOGRARON PORQUE FUERON ATACADOS CON LOS CAÑONES.
JAVIER MINA ESTABA DESESPERADO, APENAS TENÍA MUNICIONES. SE RETIRÓ Y DECIDIÓ AUXILIAR AL FUERTE DE LOS REMEDIOS, DONDE EL LÍDER INSURGENTE, EL PADRE TORRES, RESISTÍA HEROICAMENTE FRENTE A LOS REALISTAS.
SIGUIÓ PELEANDO EN NUMEROSOS LUGARES HASTA QUE, DESALENTADO POR LA INDISCIPLINA DE SUS TROPAS, MARCHÓ A JAUJILLA, DONDE ESTABA LA JUNTA DE GOBIERNO. LLEGÓ A ESTE LUGAR EL 12 DE OCTUBRE.
LA JUNTA INSURGENTE LE ENCOMENDÓ QUE ATACARA GUANAJUATO, PERO EL ENEMIGO DISPERSÓ LAS TROPAS. MINA SE REFUGIÓ EN EL RANCHO EL VENADITO, PERO FUERON ATACADOS EL 27 DE OCTUBRE. JAVIER MINA FUE APRESADO Y LLEVADO AL CERRO DEL BORREGO.
AHÍ FUE DONDE LO FUSILARON EL 11 DE NOVIEMBRE DE 1817. SU VALENTÍA MOTIVÓ QUE CONTINUARAN LOS MEXICANOS LA LUCHA COMENZADA POR EL CURA HIDALGO.
POW
POW
FIN

REVOLUCIÓN

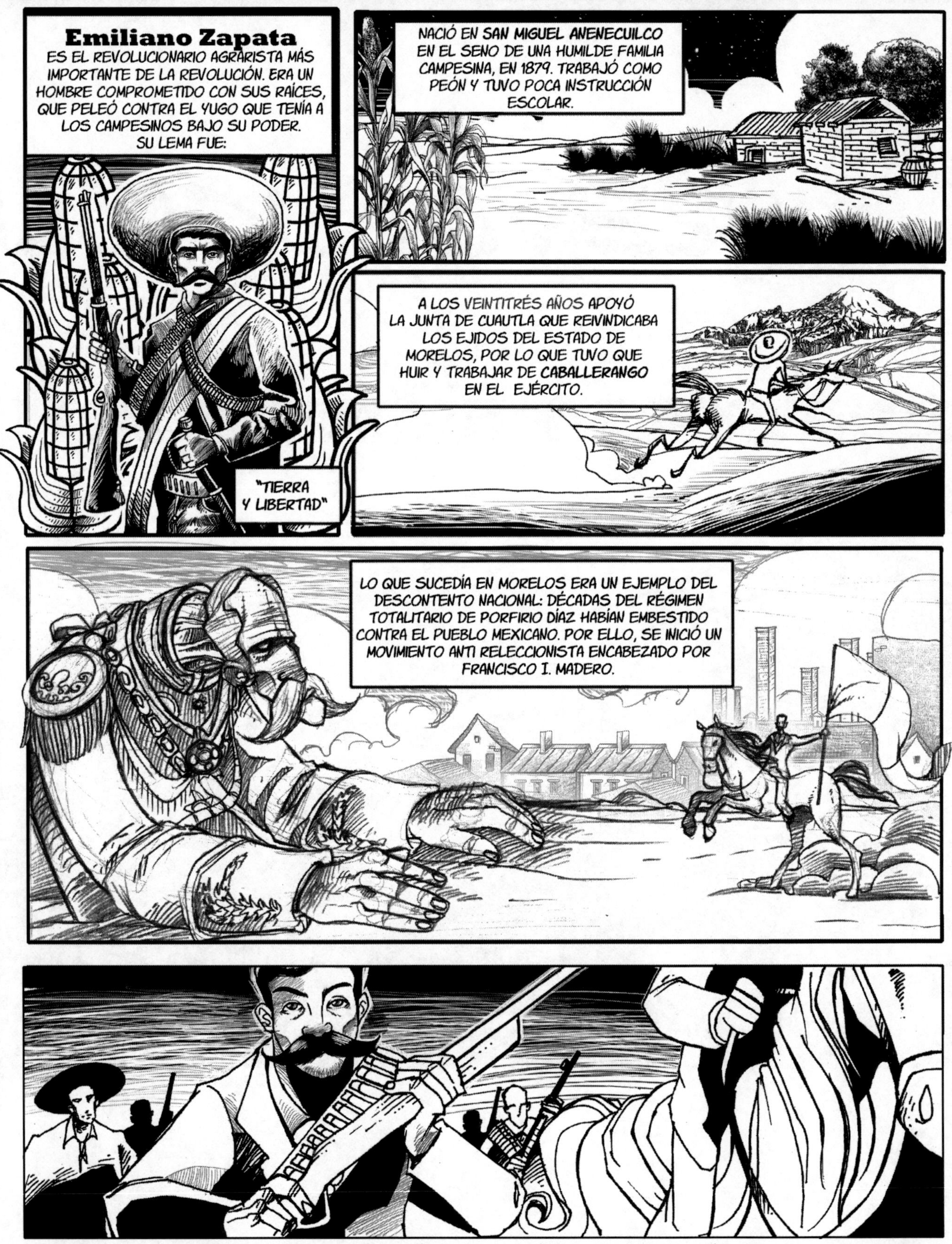

LOS LEVANTAMIENTOS ARMADOS COMENZARON A BROTAR POR TODO MÉXICO. EMILIANO ZAPATA RETOMÓ LA DEFENSA DE LAS TIERRAS COMUNALES Y, EN 1909, DESIGNADO JEFE DE LA JUNTA, OCUPÓ LAS TIERRAS DEL HOSPITAL Y LAS DISTRIBUYÓ ENTRE LOS CAMPESINOS.

EN MARZO DE 1911 SE ADHIRIÓ AL PLAN DE SAN LUIS POTOSÍ, PROCLAMADO POR MADERO.
Y FUE NOMBRADO "JEFE SUPREMO DEL MOVIMIENTO REVOLUCIONARIO DEL SUR".
TRAS LA CAÍDA DE LA DICTADURA DE DÍAZ, ZAPATA RECLAMÓ QUE DE INMEDIATO HUBIERA REPARTO DE LAS TIERRAS ENTRE LOS CAMPESINOS.
PERO MADERO, POR SU PARTE, EXIGÍA EL DESARME DE SUS GUERRILLAS.
ZAPATA ACEPTÓ LA TREGUA ESPERANZADO QUE LA ELECCIÓN DE MADERO COMO PRESIDENTE ABRIERA LAS PUERTAS A LA REFORMA AGRARIA, PERO ESTA NUNCA SE CONSOLIDÓ.
PLAN DE AYALA
POR ELLO, FORMÓ EL PLAN DE AYALA, EN EL QUE DECLARABA A MADERO INCAPAZ DE CUMPLIR LOS OBJETIVOS DE LA REVOLUCIÓN Y ANUNCIABA LA EXPROPIACIÓN DE LAS TIERRAS DE LOS TERRATENIENTES.
EL EJÉRCITO ATACÓ A LOS ZAPATISTAS, OBLIGÁNDOLOS A RETIRARSE A GUERRERO,
PERO CON EL ASESINATO DE MADERO, EN FEBRERO DE 1913, DEBIDO A LA TRAICIÓN DEL GENERAL HUERTA, CAMBIÓ LA SITUACIÓN: LOS IDEALES REVOLUCIONARIOS PARECÍAN DESAPARECER.

ZAPATA RECHAZÓ A HUERTA...
BANG BANG
BANG
BANG
...Y APOYÓ A CARRANZA.
PERO, COMO NO CONFIABA EN ÉL, SE ALIÓ CON PANCHO VILLA EN LA CONVENCIÓN DE AGUASCALIENTES.
Y SE CONVIRTIERON EN LOS REPRESENTANTES DE LA LUCHA CAMPESINA CONTRA EL PODER.
JUNTOS, LOGRARON ENTRAR EN LA CAPITAL MARCHANDO POR LAS CALLES. UNA VEZ AHÍ, SE SENTARON EN LA SILLA PRESIDENCIAL.
PARA VILLA ERA UNA FIESTA, PERO ZAPATA SOLO OBSERVABA CUESTIONÁNDOSE EL DESENLACE.
LA INCAPACIDAD POLÍTICA DE AMBOS PARA DOMINAR EL APARATO DEL ESTADO Y SUS DISCREPANCIAS LOS ALEJÓ, AYUDANDO ESO A CARRANZA.
FUE PERSEGUIDO POR PABLO GONZÁLEZ, PERO ZAPATA LOGRÓ DOMINAR SU TERRITORIO EN MORELOS.
SE LE UNIERON VARIOS INTELECTUALES COMO DÍAZ SOTO Y GAMA, PÉREZ TAYLOR, JUANA BELÉN GUTIÉRREZ DE MENDOZA Ó DOLORES JIMÉNEZ Y MURO, LO QUE LE DIO FUERZA A SU MOVIMIENTO.
ZAPATA CREÓ COMISIONES AGRARIAS, ESTABLECIÓ LA PRIMERA ENTIDAD DE CRÉDITO AGRARIO EN MÉXICO E INTENTÓ CONVERTIR LA INDUSTRIA AZUCARERA EN UNA COOPERATIVA.

EN 1917 LAS TROPAS DE CARRANZA DERROTARON A VILLA EN EL NORTE.
ANTE LA AMENAZA QUE RESULTABA ZAPATA PARA EL GOBIERNO, PLANEARON MATARLO.
PARA ELLO, EL CORONEL JESÚS GUAJARDO LE HIZO CREER QUE SE LE UNIRÍA. ASÍ, LO CITÓ EN LA HACIENDA DE CHINAMECA Y LO ASESINÓ.
ZAPATA DEJÓ SUS IDEALES AGRARIOS,
BANG
BANG
BANG
Y SU PENSAMIENTO VALEROSO DE "ES MEJOR MORIR DE PIE QUE VIVIR TODA UNA VIDA ARRODILLADO".

Dolores Jiménez y Muro labró su nombre como símbolo de autonomía femenina y rebeldía revolucionaria. Aunque fue ella quien reunió las ideas y dio forma al Plan de Ayala, no es reconocida como la gran mujer que fue.

Dolores Jiménez y Muro

Nació el 7 de junio de 1850. Hija de un funcionario de gobierno, fue formada en los ideales del liberalismo juarista, pero bajo los cánones conservadores de la época.

Vivió su juventud en el ambiente intelectual de San Luís Potosí. Estudió con maestros personales en su casa y su talento literario fue reconocido en 1874, al ser invitada por Benigno Arriaga, a participar con poemas cívicos para las fiestas patrias.

En 1883 quedó huérfana de sus padres. Continuó con su labor periodística y filantrópica que ayudó a tomar conciencia de la terrible situación que vivía México.

...comprendí que la revolución actual no estaba lejos, porque las ideas germinaban por todas partes.

Ya como mujer madura, con 60 años, colaboró con grupos conspiradores contra la dictadura. Ella fue respetada por todos los hombres que la rodeaban, considerándola como uno de ellos, algo único para su tiempo.

El 11 de septiembre de 1910, Dolores siendo presidenta del Club Femenil Hijas de Cuauhtémoc, encabezó una protesta en la ciudad de México contra el fraude en las elecciones, el reconocimiento de la igualdad a las mujeres y su derecho a votar.

Es tiempo de que las mujeres mexicanas reconozcan que sus derechos y obligaciones van más allá del hogar.

Debido a esa protesta antirreeleccionista, fue recluida en la cárcel de Belén. No se doblegó y no dejaba de pedir la liberación de las otras aprehendidas. Las autoridades tuvieron un trato más duro con ella: dejándola incomunicada, a pesar de estar enferma.

Reunió ideas y plasmó con su letra el Plan Político y Social de Tacubaya en la sierra de Guerrero en marzo de 1911, donde desconoce al gobierno de Porfirio Díaz, nombrando como Presidente Provisional y Jefe Supremo de la Revolución a Francisco I. Madero.

Exigía el restablecimiento de la libertad de imprenta; la reorganización de las municipalidades suprimidas; la protección a la raza indígena;...

...disminución de las jornadas de trabajo; la obligación de los grandes propietarios de dar las tierras que no usaban y la abolición de todos los monopolios.

Por invitación expresa de Emiliano Zapata, se une a las filas de su ejército. Realiza tareas de profesora, escritora y oradora.
Pese a su avanzada edad, acompañaba a diversos lados al ejército suriano.
Fue autora del prólogo del Plan de Ayala, que dejó plenamente satisfecho a Zapata. En cuanto ella se lo presentó, el Caudillo del Sur exclamó entusiasmado:
Esto es precisamente por lo que se pelea, por que se devuelvan las tierras que han sido robadas.
PLAN DE AYALA
Además de periodista, también alcanzó el grado de general brigadier e n el ejército zapatista.

En 1914 fue encarcelada por órdenes de Victoriano Huerta. En la cárcel creció en valor al lado de una generación de mujeres como Juana Belén Gutiérrez de Mendoza, Aurora Martínez viuda de Garza, Elisa Acuña Rosseti y otras.
Todas cuando menos 30 años más jóvenes que ella.
En sus últimos años continuó con tareas periodísticas en el Anáhuac y en el Correo de las Señoras, colaborando en las Misiones Culturales.
En 1925 murió sin herederos. Su talento, autonomía y energía revolucionaria intergeneracional constituyen un hito en la historia de México.

JOSÉ GARIBALDI
EL ITALIANO DE VILLA.
PEPINO GARIBALDI FUE UNO DE LOS MUCHOS EXTRANJEROS QUE LUCHARON AL LADO DE MADERO Y VILLA EN LA REVOLUCIÓN MEXICANA.
LA PLAZA GARIBALDI, EN LA CIUDAD DE MÉXICO, ES RECONOCIDA POR LOS MARIACHIS QUE AHÍ SE REÚNEN PARA DAR "GALLO"...
...A DIFERENCIA DE OTRAS PLAZAS EN EL MUNDO, ESTA NO FUE NOMBRADA EN HONOR A GUISEPPE GARIBALDI, EL HÉROE QUE CONSOLIDÓ ITALIA, SINO POR SU NIETO: JOSÉ GARIBALDI, EL MILITAR QUE COMBATIÓ EN LA REVOLUCIÓN.
JOSÉ GARIBALDI NACIÓ EL 29 DE JULIO DE 1887 EN MELBOURNE, AUSTRALIA,
AUSTRALIA
ERA BUEN CHAMACO "PEPITO"
HIJO DE OTRO FAMOSO MILITAR: EL GENERAL RICCIOTTI GARIBALDI.
POR ORDEN DE SU PADRE, A LOS 18 AÑOS PELEÓ EN LA GUERRA DE LOS BALCANES CONTRA EL IMPERIO OTOMANO.
Y YO QUE QUERÍA TOMAR EL *TOUR* AL PARTENÓN.
LA FAMILIA GARIBALDI AYUDÓ A GRECIA PORQUE HABÍAN APOYADO AL ABUELO PARA LOGRAR LA UNIDAD ITALIANA.
PERO EL EJERCITO TURCO DERROTÓ A LOS REBELDES, OBLIGÁNDOLOS A RENDIRSE.

ENTONCES, SE ENLISTÓ COMO VOLUNTARIO EN EL EJÉRCITO INGLÉS EN SUDÁFRICA PARA PELEAR EN LAS GUERRAS DE LOS BOER.
DESEABA IR AL MUNDIAL DE FUTBOL, PERO FALTABAN 100 AÑOS.
EN LA TOMA DE PRETORIA, FUE CONDECORADO POR SU VALENTÍA.
PERO SU FAMILIA NO APROBÓ QUE APOYARA AL IMPERIO BRITÁNICO. ÉL LES EXPLICÓ QUE LO HIZO POR SU MADRE INGLESA.
MAMITA SE MERECE LO MEJOR.
MOLESTO, SE VA A NUEVA YORK EN BUSCA DE UN TRABAJO MENOS ARRIESGADO QUE EL DE MERCENARIO.
MAS SU ESPÍRITU DE AVENTURERO LO LLAMÓ. EN 1904 SE VA A VENEZUELA A LA REVOLUCIÓN LIBERTADORA CONTRA CIPRIANO CASTRO.
FUE ENCARCELADO POR SIETE MESES EN PUERTO CABALLERO.
¡CHALE! EN NUEVA YORK SÓLO TE ASALTABAN.
LOGRÓ ESCAPAR Y TOMÓ UN TRABAJO EN LA CONSTRUCCIÓN DEL CANAL DE PANAMÁ.
CANSADO, LLEGÓ A CHIHUAHUA, EN MÉXICO, PARA ABRIR UNA MINA DE ORO.
¡YA VERÁ LA FAMILIA CUANDO SEA RICO!

AL ESCUCHAR UN DISCURSO DE FRANCISCO I. MADERO CONTRA PORFIRIO DÍAZ, SU COMPROMISO POR LA JUSTICIA LO HACE ENROLARSE EN EL MOVIMIENTO.
SE INCORPORÓ A LOS LEGIONARIOS EXTRANJEROS DEL GENERAL SUDAFRICANO BENJAMÍN VILJOEN Y EL AMERICANO ALBERT HARRINGTON.
¡COME ON, BOYS, MUCHA REVOLUCIÓN!
AL GENERAL PASCUAL OROZCO NO LE GUSTABAN "LOS GRINGOS". OPINABA QUE NO SE PODÍA CONFIAR EN UN EXTRANJERO.
LUEGO VAN A LLEGAR CON SUS "MACDONAS".
PERO MADERO CONFIABA EN ÉL Y LO NOMBRÓ CORONEL. COMBATIENDO EN LA BATALLA DE CASAS GRANDES.
AL LADO DE PANCHO VILLA ATACÓ CIUDAD JUÁREZ, LOGRANDO UNA IMPORTANTE CONQUISTA PARA LA REVOLUCIÓN.
GARIBALDI ENTRÓ CON MADERO TRIUNFANTE A LA CIUDAD DE MÉXICO. ERA MUY CERCANO A ÉL Y FUE SU ASESOR EN ASUNTOS INTERNACIONALES.
AL GANAR MADERO LAS ELECCIONES, JOSÉ VA A ESTADOS UNIDOS PARA BUSCAR APOYO PARA SU GOBIERNO.
Y POR AHÍ ME VOY DE SHOPPING AL MALL.

EN 1912 LO LLAMÓ SU PADRE, JUNTO CON SUS HERMANOS, A GRECIA PARA CREAR UNA BRIGADA GARIBALDI CONTRA LOS TURCOS. INCLUSIVE SE ENROLA SU HERMANA ANITA ITALIA.
EN LA PRIMERA GUERRA MUNDIAL, JOSÉ DIRIGIÓ EL CUARTO REGIMIENTO DE LA LEGIÓN EXTRANJERA DE VOLUNTARIOS ITALIANOS PARA DEFENDER A LOS FRANCESES CONTRA LOS SOLDADOS DEL KÁISER.
SU DESEMPEÑO EN ARGONNE FUE RECONOCIDO.
AL FINAL DE LA GUERRA RECIBIÓ EL GRADO DE GENERAL BRIGADIER.
FUE UN CRÍTICO DEL FASCISMO DE MUSSOLINI Y DE SU HERMANO EZIO, QUE APOYABA AL DICTADOR ITALIANO.
ESTE PELÓN SOLO QUIERE DOMINAR AL MUNDO.
CANSADO DE LA GUERRA, Y CON LOS FASCISTAS EN EL PODER, SE RETIRÓ A NUEVA YORK CON SU ESPOSA PARA ESCRIBIR SUS MEMORIAS.
MI LIBRO VA A VENDER MÁS QUE LA VIDA DE NIURKA.
CUANDO VISITÓ A SU MADRE EN ITALIA LO CAPTURARON LOS NAZIS Y LO ENCARCELARON HASTA LA LIBERACIÓN DE ITALIA.
¡...ADEMÁS GRITÓ VIVA MÉXICO FRENTE AL FÜHRER!
MURIÓ EN 1950. EN SU ENTIERRO, ASISTIERON SUS COMPAÑEROS DE BATALLAS VISTIENDO LAS CAMISAS ROJAS QUE SU ABUELO PORTABA.

SI DURANTE LA REVOLUCIÓN EXISTE UN EJEMPLO DE LUCHA SOCIAL ENCARNADO EN MUJER ÉSTA ES CARMEN SERDÁN. LA MÁS CONOCIDA HEROÍNA MEXICANA DEL SIGLO XX.
Carmen Serdán Alatriste
NACIÓ EN LA CIUDAD DE PUEBLA EL 11 DE NOVIEMBRE DE 1873.
FUE EDUCADA DE ACUERDO CON LOS IDEALES LIBERALES DE SU ABUELO, EL GENERAL MIGUEL CÁSTULO ALATRISTE, FIEL AL PRESIDENTE JUÁREZ.
JUNTO CON SUS TRES HERMANOS: AQUILES, NATALIA Y MÁXIMO...
...SE DEDICÓ A LA LUCHA REVOLUCIONARIA EN CONTRA DE LA DICTADURA PORFIRISTA DESDE EL PARTIDO ANTIRREELECCIONISTA.
AUNQUE SU HERMANA NATALIA SE CASÓ, CARMEN SIGUIÓ SOLTERA...
...TOTALMENTE COMPROMETIDA CON LOS IDEALES REVOLUCIONARIOS DEL PARTIDO ANTIRREELECCIONISTA AL QUE SE HABÍA AFILIADO.

EN FORMA CLANDESTINA, POR LAS NOCHES PEGABA PROPAGANDA CONTRA LA DICTADURA Y REPARTÍA PÓLVORA O DINAMITA ENTRE LOS INCONFORMES.
ERA EXPERTA EN LA ELABORACIÓN DE BOMBAS Y HACÍA TRANSACCIONES PARA LA COMPRA DE RIFLES Y PISTOLAS DESTINADOS A LAS FUERZAS REVOLUCIONARIAS.
TRAIGO RIFLES PARA EL LEVANTAMIENTO. SON DE PARTE DE "DON PANCHITO".
EN SUS ACTIVIDADES SECRETAS TUVO EL SEUDÓNIMO DE "MARCOS SERRATOS".
EN OCTUBRE DE 1910 VIAJÓ A SAN ANTONIO, TEXAS, PARA ENTREVISTARSE CON FRANCISCO I. MADERO, DEL QUE ERA GRAN ADMIRADORA.
ÉSTE ENVIÓ DINERO PARA LA CAUSA, ENTREGÁNDOSELO A SU HERMANO AQUILES SERDÁN.
MADERO, ENTONCES, LANZÓ EL PLAN DE SAN LUIS POTOSÍ, EN EL QUE INCITABA A LOS MEXICANOS REPRIMIDOS POR PORFIRIO DÍAZ A LEVANTARSE EN ARMAS.
AQUILES Y CARMEN USARON SECRETAMENTE SU CASA COMO CUARTEL PARA REUNIR A LOS PRIMEROS REVOLUCIONARIOS.
PERO EL 18 DE NOVIEMBRE DE 1910, EL EJÉRCITO FEDERAL Y LA POLICÍA ESTATAL, QUE SEGUÍAN DE CERCA LOS MOVIMIENTOS DE LOS HERMANOS SERDÁN, LLEGARON CON ÓRDENES DE ARRESTO.
LOS REVOLUCIONARIOS SE ATRINCHERARON Y COMENZÓ EL TIROTEO.

FUSIL EN MANO, CARMEN SALIÓ AL BALCÓN PARA INCITAR AL PUEBLO A UNIRSE A LA LUCHA REVOLUCIONARIA, ACTO DEL CUAL SALIÓ HERIDA.
¡VIVA LA NO REELECCIÓN!
DURANTE TODA LA TARDE FUE SITIADA SU CASA. JUNTO CON SU MADRE Y SU CUÑADA FILOMENA, CARMEN FUE APREHENDIDA.
SU HERMANO AQUILES, QUE ERA CONSIDERADO EL LÍDER E IDEÓLOGO DE LA REVOLUCIÓN, SE REFUGIÓ EN EL SÓTANO.
AL TRATAR DE ABANDONAR SU ESCONDITE FUE SORPRENDIDO POR UN POLICÍA QUE CUSTODIABA LA VIVIENDA; ÉSTE LE DIO MUERTE.
BAAANG
LAS TRES MUJERES SERDÁN FUERON LLEVADAS A LA CÁRCEL DE LA MERCED, COMO UN CASTIGO DE DÍAZ CONTRA LOS SUBLEVADOS.

CARMEN PROSIGUIÓ CON SU LUCHA REVOLUCIONARIA. EL ENCIERRO NO DISMINUYÓ SUS IDEALES: DESPUÉS DEL GOLPE DE ESTADO DE VICTORIANO HUERTA, QUE TRAICIONÓ Y ASESINÓ A MADERO, CARMEN SE ALISTÓ EN LA JUNTA REVOLUCIONARIA DE PUEBLA Y SE ENTREVISTÓ CON VENUSTIANO CARRANZA PARA ALIARSE CON ÉL.
MI PRIORIDAD ES LA LIBERTAD.
DURANTE LOS SIGUIENTES AÑOS DE GUERRA TRABAJÓ COMO ENFERMERA EN LAS FUERZAS REVOLUCIONARIAS; FUE RESPETADA Y APRECIADA POR TODOS LOS SOLDADOS A LOS QUE AYUDABA.
REGRESARÉ A CUIDAR A MIS SOBRINOS, EN HONOR A MI HERMANO.
AL TERMINAR LA SERIE DE TRIFULCAS, Y CON LA CONSTITUCIÓN IMPLANTADA POR CARRANZA, SE RETIRÓ DE LA VIDA DE LUCHADORA SOCIAL. MURIÓ EN SU AMADA PUEBLA EN 1948.

GENERAL FELIPE ÁNGELES
TODO UN PERSONAJE DE LA REVOLUCIÓN MEXICANA ES LA MEMORABLE FIGURA DEL GENERAL FELIPE ÁNGELES, EL REVOLUCIONARIO HUMANISTA QUE DIJO:
MI ESPÍRITU SE ENCUENTRA EN SÍ MISMO.
FELIPE DE JESÚS ÁNGELES RAMÍREZ ORIGINARIO DE ZACUALTIPÁN, HIDALGO, NACIÓ UN 13 DE JUNIO DE 1869 EN UNA FAMILIA ACOMODADA. SU PADRE ERA MILITAR DE CARRERA.
AUNQUE ERA TÍMIDO Y SOLITARIO, DEMOSTRÓ GRAN INTELIGENCIA CUANDO ESTUDIÓ EN EL COLEGIO MILITAR GRACIAS A UNA BECA OTORGADA POR PORFIRIO DÍAZ.
ENCONTRÓ EN EL ESTUDIO DE LA ARTILLERÍA SU PASIÓN. ASÍ, CUAL MODERNO ALQUIMISTA, UNIÓ MATEMÁTICAS Y PÓLVORA PARA CONVERTIRSE EN UN GRAN ESTRATEGA DURANTE SUS AÑOS CON VILLA.
ES UN HONOR, SEÑOR PRESIDENTE.
EN 1912, A LOS 43 AÑOS DE EDAD, YA ERA UN DESTACADO TEÓRICO Y TÉCNICO MILITAR. FUE EN ESE MOMENTO QUE EL PRESIDENTE FRANCISCO I. MADERO LO TRAJO DE FRANCIA PARA NOMBRARLO DIRECTOR DEL COLEGIO MILITAR.

PARTICIPÓ EN LAS BATALLAS DE TORREÓN, SAN PEDRO DE LAS COLONIAS, PAREDÓN Y ZACATECAS. FUE ALLÍ QUE ÁNGELES EMPEZÓ A MOSTRAR SU GRAN TALENTO COMO ESTRATEGA MILITAR.
UN OFICIAL VILLISTA DIRÍA DESPUÉS:
"EL HOMBRE MÁS INCULTO DE MÉXICO FUE EL ÚNICO QUE SUPO AQUILATAR LAS VIRTUDES Y GLORIAS DE FELIPE ÁNGELES".
ERA EL BRAZO DERECHO DE VILLA, VÍNCULO QUE LO LLEVÓ A DEMOSTRAR SU CARÁCTER NOBLE, MORAL E INTELIGENTE.
EL 2 DE DICIEMBRE ENTRÓ EN LA CIUDAD DE MÉXICO AL FRENTE DE LA VANGUARDIA VILLISTA.
OCUPÓ POR UN MES LA GUBERNATURA DE COAHUILA Y DE NUEVO LEÓN EN 1915, PERO REGRESÓ CON VILLA.
TRATÓ DE CONVENCERLO DE NO ENFRENTAR A OBREGÓN EN EL CENTRO DEL PAÍS, SINO EN UN TERRITORIO CONOCIDO: EL NORTE. NO TUVO ÉXITO Y LA DIVISIÓN DEL NORTE FUE DERROTADA EN 1915.
OBREGÓN ES UN PERJUMADO Y PUEDO DERROTARLO EN CUALQUIER SITIO.

EL GENERAL ÁNGELES ERA ALTO, DE PIEL ALMENDRADA, RASGOS DELICADOS Y CON LOS OJOS NOBLES. SE DESCRIBÍA A SÍ MISMO, MEDIO EN BROMA, COMO UN INDIO TRISTE.
EN LA DECENA TRÁGICA FUE LEAL A MADERO. POR TENER MENOR GRADO, EN LA CIUDADELA ESTUVO BAJO LAS ÓRDENES DEL GENERAL HUERTA. SIN EMBARGO, SIEMPRE SOSPECHÓ DE ÉL.
ESTE HUERTA HUELE A GATO ENCERRADO.
HUERTA LO APRESÓ JUNTO CON MADERO Y PINO SUÁREZ. ÁNGELES ESCUCHÓ A MADERO LLORAR POR LA MUERTE DE SU HERMANO Y SERÍA EL ÚLTIMO EN DESPEDIRSE DE ÉL ANTES DE QUE LO ASESINARAN.
YA REGRESARÉ A CUMPLIR EL SUEÑO DE DON PANCHITO.
HUERTA NO LO MATÓ, SÓLO LO DESTERRÓ DEBIDO A SU ARRAIGO AL EJÉRCITO FEDERAL.
EN 1914 SE INTEGRÓ A LAS FUERZAS DE PANCHO VILLA COMO COMANDANTE DE ARTILLERÍA DE LA DIVISIÓN DEL NORTE.

SE RETIRÓ DE LA LUCHA ARMADA PARA EXILIARSE EN ESTADOS UNIDOS Y MEDITAR SU SIGUIENTE PASO.

RETORNÓ A MÉXICO EN 1918. ESTA VEZ NO USÓ LA FUERZA PARA LA LUCHA, SINO LA RAZÓN.

BUSCO QUE CESE ESTA LUCHA SALVAJE QUE CONSUME AL PUEBLO MEXICANO , VENGO A UNIFICAR A TODOS LOS GRUPOS POLÍTICOS QUE EXISTEN EN EL SUELO DE LA REPÚBLICA.

PERMANECIÓ ACTIVO COMO PARTE DEL COMITÉ EJECUTIVO DE LA ALIANZA LIBERAL MEXICANA. ESCRIBIÓ EN DIVERSOS PERIÓDICOS, EN LOS QUE EXPRESABA SU CONVICCIÓN SOCIALISTA.

TRATÓ DE CONVENCER A VILLA DE QUE SE ALIARA CON LOS ENEMIGOS DE CARRANZA. ESA PROCLAMA SE CONOCE COMO PLAN DE RÍO FLORIDO.

EL GENERAL SENTÍA QUE EL SUEÑO MADERISTA, DEL QUE ERA UN CREYENTE, SE LE IBA DE LAS MANOS ANTE LA "REBATINGA" POLÍTICA EN LA QUE SE HABÍA CONVERTIDO LA REVOLUCIÓN. NO LE GUSTABA LA CONSTITUCIÓN DE 1917; PENSABA QUE LA DE 1857, DE LA REFORMA, ERA MÁS ACORDE PARA MÉXICO.

FUE TRAICIONADO Y APREHENDIDO. SE LE FORMÓ UN MENTIROSO CONSEJO DE GUERRA CON UN JUICIO A SALA LLENA EN CHIHUAHUA.

FUE SENTENCIADO A MUERTE A PESAR DE QUE QUIENES ACUDIERON AL JUICIO, LOS PERIÓDICOS, ALGUNAS CARTAS DE PERSONAJES FAMOSOS Y CIERTOS MILITARES PEDÍAN EL INDULTO. MURIÓ FUSILADO EN CHIHUAHUA EL 26 DE NOVIEMBRE DE 1919.

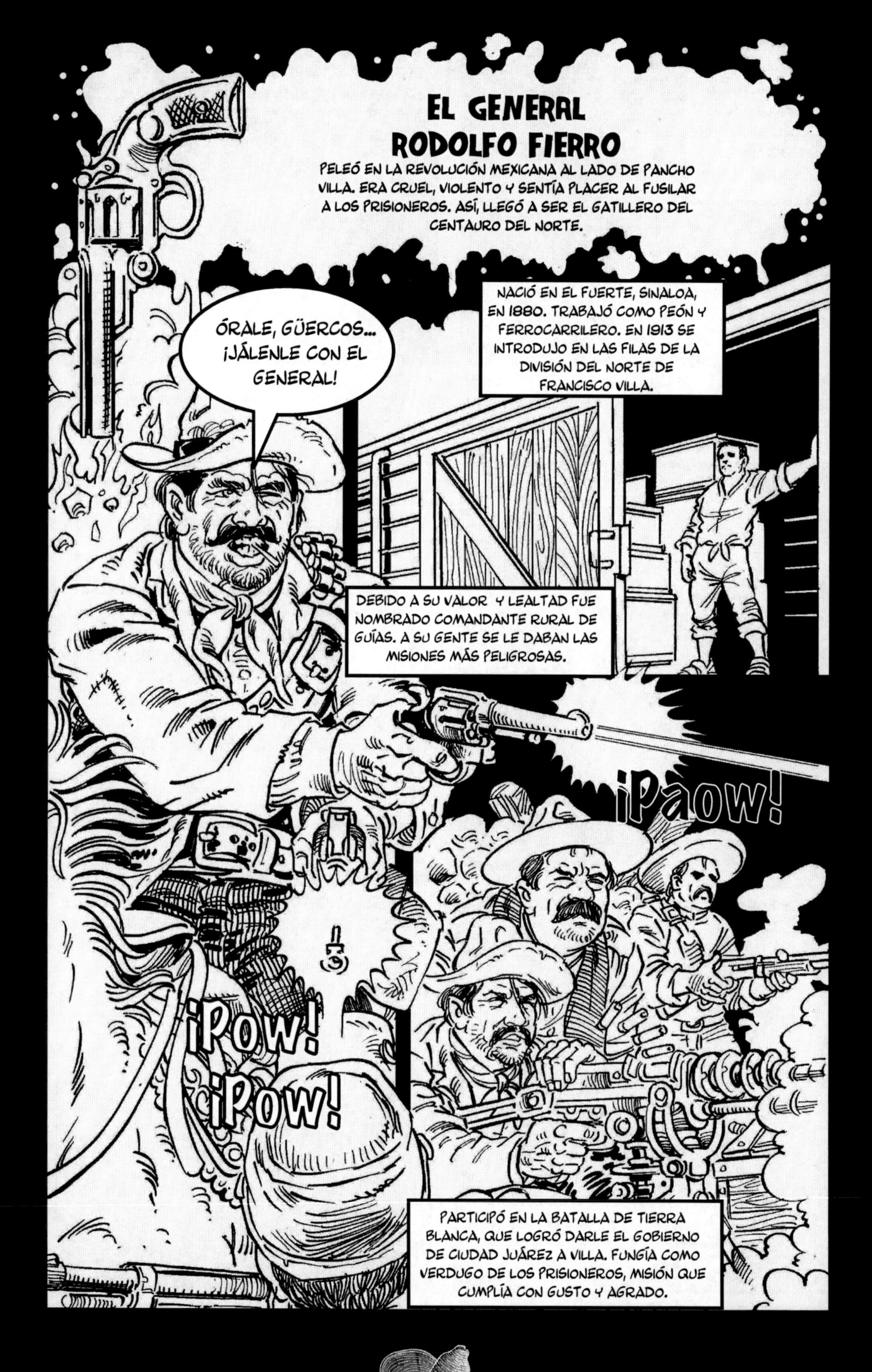
EL GENERAL
RODOLFO FIERRO
PELEÓ EN LA REVOLUCIÓN MEXICANA AL LADO DE PANCHO VILLA. ERA CRUEL, VIOLENTO Y SENTÍA PLACER AL FUSILAR A LOS PRISIONEROS. ASÍ, LLEGÓ A SER EL GATILLERO DEL CENTAURO DEL NORTE.
NACIÓ EN EL FUERTE, SINALOA, EN 1880. TRABAJÓ COMO PEÓN Y FERROCARRILERO. EN 1913 SE INTRODUJO EN LAS FILAS DE LA DIVISIÓN DEL NORTE DE FRANCISCO VILLA.
ÓRALE, GÜERCOS... ¡JÁLENLE CON EL GENERAL!
DEBIDO A SU VALOR Y LEALTAD FUE NOMBRADO COMANDANTE RURAL DE GUÍAS. A SU GENTE SE LE DABAN LAS MISIONES MÁS PELIGROSAS.
¡Paow!
¡Pow!
¡Pow!
PARTICIPÓ EN LA BATALLA DE TIERRA BLANCA, QUE LOGRÓ DARLE EL GOBIERNO DE CIUDAD JUÁREZ A VILLA. FUNGÍA COMO VERDUGO DE LOS PRISIONEROS, MISIÓN QUE CUMPLÍA CON GUSTO Y AGRADO.

SE REÍA MALÉVOLAMENTE AL VER CÓMO SE LE CALENTABA LA PISTOLA DE TANTO DISPARARLA Y TENÍA QUE CAMBIARLA POR OTRA.
¡TRÁIGANME LA PISTOLA QUE SE ME ENFRÍA EL DEDO!
NO SE TOCÓ EL CORAZÓN PARA FUSILAR AL HACENDADO INGLÉS WILLIAM S. BENTON, CUYA MUERTE CAUSÓ PROBLEMAS CON VARIOS PAÍSES EXTRANJEROS.
ESTE SUCESO CAUSÓ MOLESTIA EN CARRANZA, POR LO QUE EXIGIÓ LA CABEZA DE FIERRO. VILLA, HIZO LO CONTRARIO:
¡VILLA NOMBRÓ A FIERRO GENERAL!
TAMBIÉN FUSILÓ A TOMÁS URBINA, GRAN AMIGO Y COMPADRE DE VILLA, CUANDO ÉSTE DESERTÓ PARA REGRESAR A SU RANCHO Y EVITAR LA REVOLUCIÓN.
ERA TANTO SU GUSTO MALSANO, QUE INSTABA A ESCAPAR A CIENTOS DE PRISIONEROS PARA LUEGO SALIR A CAZARLOS CON SU REVOLVER.
KPOW!
LOS REVOLUCIONARIOS, AUNQUE LO RESPETABAN POR SU LEALTAD AL GENERAL VILLA, LE TEMÍAN POR SU CRUELDAD. ASÍ, LO LLAMARON EL CARNICERO.

SE DICE QUE UN DÍA ENCONTRÓ EN SONORA UNA CAVERNA CON HERMOSAS PIEDRAS DE VARIOS COLORES. COMO SU PADRE ERA GAMBUSINO, HIZO UN MAPA DE ESTA MINA DE GRANATES, A LA QUE LE LLAMÓ "EL TESORO DE VILLA".

CUANDO LOS VILLISTAS LLEGARON A LA CIUDAD DE MÉXICO EN 1914, FIERRO SE ENCARGÓ DE FUSILAR A VARIOS MIEMBROS DEL GOBIERNO.
TUVO GRANDES DISCORDIAS CON EL GENERAL FELIPE ÁNGELES, QUE PEDÍA CLEMENCIA PARA LOS PRISIONEROS MIENTRAS QUE A FIERRO SE LE CALENTABA EL DEDO POR MASACRARLOS.
ES UN CATRÍN ESTIRADO...
A PESAR DE QUE VILLA ERA ABSTEMIO, FIERRO ERA UN BEBEDOR COMPULSIVO. ESTA FLAQUEZA SE LE PERDONABA DEBIDO A SU FIDELIDAD A LA CAUSA. LOS GENERALES DE LA DIVISIÓN DEL NORTE LE PIDIERON A VILLA QUE DESTITUYERA A SU LUGARTENIENTE POR ASESINO, VIOLADOR, GROSERO, ALCOHÓLICO E IMPULSIVO.
VILLA SÓLO LES DIJO QUE, CUANDO LA GUERRA TERMINARA, FIERRO SERÍA EL ÚNICO QUE LO SEGUIRÍA.

EN 1915 TUVO VARIAS DERROTAS EN SU CAMPAÑA CONTRA CARRANZA. INCLUSO DECIDIÓ, "POR SUS PISTOLAS", TOMAR EL CERRO DE LA CRUZ EN LEÓN, GUANAJUATO. SIN EMBARGO, COMO FRACASÓ, HIZO MATAR A VARIOS DE SUS SOLDADOS. VILLA QUISO FUSILARLO, PERO COMO ESTABA HERIDO, LO ENVIÓ A RECUPERARSE.
DICE EL GENERAL VILLA QUE SE COMPONGA, PARA PODER MATARLO.
EN CELAYA VOLVIÓ A TRIUNFAR, LO QUE DEMOSTRÓ SU GRAN OFICIO COMO GUERRERO Y ESTRATEGA, PUES LOGRÓ INTERCEPTAR GRAN PARTE DE LOS COMUNICADOS DEL GENERAL OBREGÓN.
SU MUERTE FUE REFLEJO DE SU TEMERARIA VIDA: EN 1915, MURIÓ AHOGADO INTENTANDO CRUZAR LOS PANTANOS DE LAGUNA DE GUZMÁN, CHIHUAHUA.
¡YIIJAAA!
ALGUNOS DICEN QUE SE ENTERCÓ EN CRUZARLO A CABALLO MIENTRAS QUE LOS SOLDADOS LO RODEABAN.
PERO OTRA VERSIÓN EXPLICA QUE SE HUNDIÓ POR EL ORO QUE LLEVABAN SUS ALFORJAS. DE FORMA INCREÍBLE, FIERRO NO ENCONTRÓ VERDUGO EN LA GUERRA, SINO EN LA NATURALEZA, PUES FUE ÉSTA QUIEN LO MATÓ.

Felipe Carrillo Puerto

FUE EL CAUDILLO REVOLUCIONARIO DEL SUR DE MÉXICO, FUNDADOR DEL PARTIDO SOCIALISTA DEL SURESTE, DEFENSOR DE LOS INDÍGENAS MAYAS Y CONOCIDO COMO "EL APÓSTOL DE LA RAZA DE BRONCE".

FUE EL SEGUNDO DE LOS 14 HIJOS DE JUSTINO CARRILLO Y ADELA PUERTO, NACIDO EL 8 DE NOVIEMBRE DE 1872. DESDE NIÑO APRENDIÓ LA LENGUA Y LA CULTURA MAYAS. POSEÍA DOTES MUSICALES Y FORMÓ PARTE DE LA BANDA, COMO FLAUTISTA.

SIENDO JOVEN, FUE ENCARCELADO POR EXHORTAR AL PUEBLO MAYA EN DZUNUNCÁN, YUCATÁN. MÁS TARDE FUE LIBERADO.

APOYÓ LA CANDIDATURA DE CANTÓN MORENO EN CONTRA DE JOSÉ MARÍA PINO SUÁREZ. LOS HACENDADOS YUCATECOS CONTRATARON A UN SUJETO PARA ASESINARLO. CARRILLO FUE MÁS RÁPIDO Y LO MATÓ, POR LO QUE FUE ENCARCELADO POR SEGUNDA VEZ.

DURANTE SU CONDENA EN LA CÁRCEL, CARRILLO PUERTO SE DEDICÓ A TRADUCIR LA CONSTITUCIÓN AL MAYA, CON EL PROPÓSITO DE DAR A CONOCER A LOS INDÍGENAS SUS DERECHOS.
EN MARZO DE 1913 FUE PUESTO EN LIBERTAD, CUANDO VENUSTIANO CARRANZA SE LEVANTÓ EN ARMAS.
IMPULSADO POR SU ESPÍRITU SOCIALISTA, VA A MORELOS PARA UNIRSE CON LOS ZAPATISTAS.
AL AÑO SIGUIENTE, FUE RECONOCIDO COMO CORONEL DE CABALLERÍA, Y EN 1915 FORMÓ PARTE DE LA TERCERA COMISIÓN AGRARIA DEL DISTRITO DE CUAUTLA.
A LA LLEGADA DE LA REVOLUCIÓN A YUCATÁN, POR MEDIO DEL GOBIERNO DEL GENERAL SALVADOR ALVARADO, COLABORÓ EN LA REPARTICIÓN DE TIERRAS Y LA DIFUSIÓN EN LENGUA MAYA DE LOS DERECHOS DE LOS CIUDADANOS.
GANÓ ELECCIONES COMO DIPUTADO LOCAL Y, DESPUÉS, COMO DIPUTADO FEDERAL. DURANTE LOS ÚLTIMOS MESES DE 1918 OCUPÓ EL CARGO DE GOBERNADOR INTERINO. UN AÑO MÁS TARDE, PERSEGUIDO POR LAS AUTORIDADES CARRANCISTAS, HUYÓ A ZACATECAS.

AL TRIUNFAR LOS REBELDES DE AGUA PRIETA, CARRILLO HIZO UN LLAMADO DESDE EL BALCÓN DEL PALACIO NACIONAL DE LA CIUDAD DE MÉXICO PARA QUE EL PARTIDO SOCIALISTA OBRERO DE YUCATÁN SE REORGANIZARA; SU NOMBRE CAMBIÓ A PARTIDO SOCIALISTA DEL SURESTE.

LUEGO DE TOMAR NUEVOS BRÍOS, Y A LA CABEZA DEL MOVIMIENTO SOCIALISTA EN YUCATÁN, EMPRENDIÓ UNA CARRERA ASCENDENTE.

LOGRANDO SU ELECCIÓN COMO GOBERNADOR DE YUCATÁN, EN NOVIEMBRE DE 1921.

EL PRIMERO DE FEBRERO DE 1922, TOMÓ EL PODER Y SU PRIMER DISCURSO COMO GOBERNADOR LO REALIZÓ EN LENGUA MAYA. DECLARÓ DE INTERÉS PÚBLICO LA INDUSTRIA DEL HENEQUÉN.

DURANTE SU MANDATO DE 20 MESES, APOYÓ A LOS SECTORES DESPOSEÍDOS, REACTIVÓ EL REPARTO DE TIERRAS, INSTAURÓ LA LLAMADA EDUCACIÓN RACIONALISTA, FUNDÓ LA COMISIÓN LOCAL AGRARIA Y SOCIALIZÓ LA PRODUCCIÓN DE LOS EJIDOS.

TAMBIÉN LOGRÓ GRANDES CAMBIOS SOCIALES: ESTABLECIÓ LOS BAUTIZOS SOCIALISTAS Y LAS BODAS COMUNITARIAS, ASÍ COMO LA PROMOCIÓN DEL CONTROL NATAL. LOGRÓ FIJAR UN SALARIO MÍNIMO EN MÉRIDA, CREÓ COOPERATIVAS DE PRODUCCIÓN Y CONSUMO E INSTITUYÓ LA UNIVERSIDAD NACIONAL DEL SURESTE.

CEDIÓ DERECHOS POLÍTICOS A LA MUJER PARA TENER LA FACULTAD DE VOTAR O SER ELECTA, PROMULGÓ LEYES DE PREVISIÓN SOCIAL, DEL TRABAJO, DEL INQUILINATO, DEL DIVORCIO, DE EXPROPIACIÓN PARA CAUSAS SOCIALES, E INCLUSO DE REVOCACIÓN DE MANDATO PÚBLICO DE FUNCIONARIOS EN CASO DE QUE LAS SOLICITARA EL PUEBLO. COMBATIÓ EL ALCOHOLISMO, ESTABLECIÓ SERVICIOS MÉDICOS Y JURÍDICOS GRATUITOS, CELEBRÓ TORNEOS PEDAGÓGICOS Y MARCÓ UN IMPUESTO AL CULTO CATÓLICO. APOYÓ LA EXPLORACIÓN DE LAS RUINAS MAYAS.

CUANDO ÁLVARO OBREGÓN DECIDIÓ COLOCAR COMO SU SUCESOR A PLUTARCO ELÍAS CALLES, SE LEVANTÓ UNA REBELIÓN ORGANIZADA POR EL GENERAL DE LA HUERTA. CARRILLO PUERTO NO SE UNIÓ A LOS REBELDES Y APOYÓ AL EJERCITO.

...AL NO TENER ARMAS PARA DETENER EL LEVANTAMIENTO, TOMARON UN BARCO RENTADO PARA HUIR. EL DESTINO LES JUGÓ UNA MALA PASADA, TUVIERON QUE REGRESAR PUES EL BOTE ESTABA DAÑADO Y SE ESTABA HUNDIENDO.

FUERON CAPTURADOS Y ENJUICIADOS POR UN TRIBUNAL MILITAR.

JUANA BELÉN

JUANA BELÉN GUTIÉRREZ DE MENDOZA FUE TODO, EXCEPTO LA MUJER RECATADA Y SUMISA QUE EXIGÍA LA SOCIEDAD DEL PORFIRIATO: PERIODISTA, POETA, ANARCOSINDICALISTA, REVOLUCIONARIA LIBERTARIA Y FEMINISTA.

JUANA NACIÓ EN SAN JUAN DEL RÍO, DURANGO, EL 27 DE ENERO DE 1857. SUS PADRES ERAN EXTREMADAMENTE POBRES. SE INSTRUYÓ DE MANERA AUTODIDACTA, LEYENDO A BAKUNIN Y KROPOTKIN, QUIENES AFIANZARON SU PENSAMIENTO ANARQUISTA.

A LOS 12 AÑOS, ESTANDO EN SIERRA MOJADA, CHIHUAHUA, SE CASÓ CON UN MINERO ANALFABETO: CIRILO MENDOZA. JUANA LE ENSEÑÓ A LEER Y ESCRIBIR.

JUNTOS SE INTEGRARON AL CÍRCULO LIBERAL DE CHIHUAHUA, LIDERADOS POR LOS HERMANOS FLORES MAGÓN Y CAMILO ARRIAGA, QUIENES ERAN CONTRARIOS AL PORFIRISMO.

A LOS 22 AÑOS ESCRIBÍA EN LOS PERIÓDICOS "EL DIARIO DEL HOGAR" Y "EL HIJO DEL AHUIZOTE". SUS REPORTAJES DESENMASCARABAN LAS MALAS CONDICIONES DE LOS MINEROS DE CHIHUAHUA.

POR ELLO, FUE ENCARCELADA EN 1897 EN LA PRISIÓN MINAS NUEVAS. SERÍA LA PRIMERA VEZ DE MUCHAS QUE SUS DENUNCIAS LE ACARREARÍAN ARRAIGO.

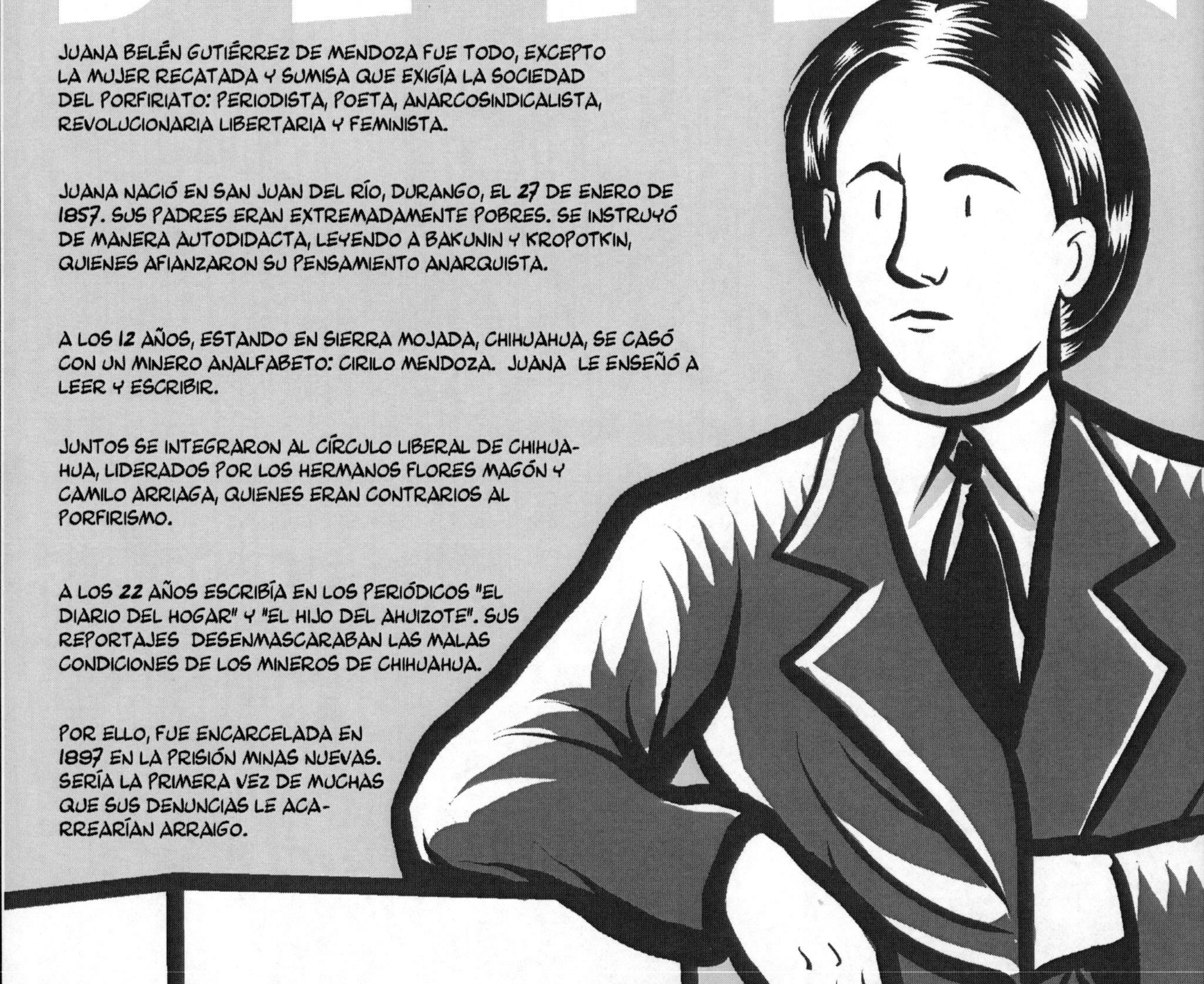

CONVENCIDA DE LA NECESIDAD DE TENER UNA PRENSA LIBRE, VENDIÓ SUS CABRAS Y FUNDÓ EL SEMANARIO "VÉSPER" EN 1901, PUBLICACIÓN EN LA QUE ATACABA A PORFIRIO DÍAZ, LA IGLESIA Y AL ESTADO. ESTÁ REVISTA FUE UNA VOZ DE LUCHA HASTA 1932.

FUE LA PRIMER VOCAL DEL CLUB LIBERAL PONCIANO ARRIAGA CREADO POR CAMILO ARRIAGA EN 1903. PEDÍA LA LIBERACIÓN DE PRESOS POLÍTICOS Y LA LIBERTAD DE SUFRAGIO.

PERO CAYERON EN UN COMPLOT IMPLANTADO POR EL ESTADO: EN UN MITIN QUE TERMINÓ EN PELEA. LOS REVOLUCIONARIOS FUERON ENCARCELADOS EN LA TÉTRICA CÁRCEL DE BELÉN.

YA QUE ERA UNA HÁBIL ORGANIZADORA, SE DEDICÓ A CREAR CÉLULAS OBRERAS ALREDEDOR DE UNA NUEVA ORGANIZACIÓN: SOCIALISMO MEXICANO.

PARA 1907, FUNDÓ LAS HIJAS DE ANÁHUAC, UN GRUPO DE MUJERES LIBERTARIAS QUE POR MEDIO DE HUELGAS Y ESCRITOS PEDÍAN MEJORAS LABORALES. EL GOBIERNO, PARA ACALLARLA, LA DEPORTÓ A TEXAS.

AL REGRESAR AL PAÍS, SE ADHIRIÓ AL MOVIMIENTO ANTIRREELECCIONISTA DE FRANCISCO I. MADERO Y FUNDÓ EL CLUB POLÍTICO FEMENIL AMIGAS DEL PUEBLO. ASÍ, CONTINUÓ SU APOYO A CAMILO ARRIAGA EN MOVIMIENTOS SOCIALES.

FUE ENCARCELADA DE NUEVO EN LOS CALABOZOS DE SAN JUAN DE ULÚA, DONDE COINCIDIÓ CON OTRAS MUJERES LIBERALES, QUIENES TENÍAN LA NECESIDAD DE ORGANIZARSE PARA REIVINDICAR A LA MUJER.

EN SAN JUAN DE ULÚA ESTUVO TRES AÑOS.

AUNQUE EN 1910, FRANCISCO I. MADERO SUBIÓ A LA PRESIDENCIA, HUBO POCOS CAMBIOS EN EL PAÍS. EN ENÉRGICAS CARTAS, JUANA BELÉN EXIGIÓ AL PRESIDENTE EL VOTO PARA LAS MUJERES, PERO SU SOLICITUD NO FUE CONSIDERADA.

COMPROMETIDA CON LA LUCHA DEL PUEBLO, PARTICIPÓ EN LA REDACCIÓN DEL PLAN DE AYALA EN 1911. ASÍ SE DECLARÓ ZAPATISTA Y FUE APRESADA POR SUS DECLARACIONES EN CONTRA DEL GOBIERNO HUERTISTA.

AL SALIR DE LA CÁRCEL, ZAPATA LA NOMBRÓ CORONELA, POR LO QUE SE ENCARGÓ DE ORGANIZAR EL REGIMIENTO VICTORIA.

EN CHILPANCINGO, GUERRERO, DIRIGIÓ EL PERIÓDICO INDIGENISTA "LA REFORMA", AL TIEMPO QUE DESARROLLÓ UN DURO TRABAJO ORGANIZATIVO Y POLÍTICO. VENUSTIANO CARRANZA LA PERSIGUIÓ POR SER ZAPATISTA Y LA VOLVIÓ A ENCARCELAR.

CUANDO SALIÓ DE PRISIÓN FUNDÓ EL CONSEJO NACIONAL DE MUJERES MEXICANAS. ASIMISMO, CONTINUÓ LA LABOR PROPAGANDÍSTICA FUNDANDO, EN 1919, "EL DESMONTE", PARA EL QUE ESCRIBIÓ ARTÍCULOS ACERCA DE LA VIDA POLÍTICA Y SINDICAL.

YA TERMINADA LA REVOLUCIÓN MILITÓ EN EL PARTIDO COMUNISTA MEXICANO. EN 1921 CREÓ EN MORELOS UNA COLONIA AGRÍCOLA EXPERIMENTAL: LA SANTIAGO OROZCO.

TRABAJÓ EN PROYECTOS POLÍTICOS COMO EL GOBIERNO DE PUEBLA DE VICENTE LOMBARDO TOLEDANO Y LA INSPECCIÓN DE ESCUELAS FEDERALES EN QUERÉTARO Y ZACATECAS. ADEMÁS, DIRIGIÓ EL HOSPITAL DE ZACATECAS Y FUNDÓ VARIAS REVISTAS INDIGENISTAS.

EN 1930, A LOS 73 AÑOS, EDITÓ OTRO PERIÓDICO: "ALMA MEXICANA", INTENTANDO EVIDENCIAR LAS DISCRIMINACIONES HACIA LOS INDÍGENAS Y MUJERES, Y LA VORACIDAD DE LAS POLÍTICAS NORTEAMERICANAS.

JUANA BELÉN GUTIÉRREZ DE MENDOZA MURIÓ EL 13 DE JULIO DE 1942 EN LA CIUDAD DE MÉXICO, EN LA MISERIA Y EL OLVIDO. AUNQUE SU VIDA ALCANZA LA GRANDEZA DE LAS GRANDES PERSONALIDADES QUE DIERON PATRIA NI SIQUIERA FIGURA EN LOS TEXTOS DE HISTORIA DE MÉXICO.

·BEF·2010·

EL AUTOR

F. G. HAGHENBECK

NOVELISTA, GUIONISTA Y ARQUITECTO. ESCRIBIÓ LAS NOVELAS ALIENTO A MUERTE (FINALISTA PREMIO CASA AMÉRICA-PLANETA 2008), *SOLAMENTE UNA VEZ* (PLANETA, 2007), *EL CÓDIGO NAZI* (PLANETA, 2008) Y *TRAGO AMARGO* (ROCA EDITORIAL), QUE FUE GANADORA DEL PREMIO VUELTA DE TUERCA PLANETA 2006 A LA MEJOR NOVELA POLICÍACA Y SE PUBLICÓ EN CINCO PAÍSES.

HA RECIBIDO VARIOS PREMIOS POR SUS NARRACIONES CORTAS. FUE COESCRITOR Y COCREADOR DEL CÓMIC *CRIMSON* (DC COMICS). ESCRITOR DE *ALTERNATION* (IMAGE COMICS) Y *SUPERMAN* (DC COMICS). VIVE ENTRE TEHUACÁN, PUEBLA, Y LA CIUDAD DE MÉXICO CON UNA HERMOSA CHEF, SU HIJA ARANTZA Y LA PERRA BRANDY.

CARMEN SERDÁN

ARTE POR ROCÍO DEL CONSUELO PÉREZ GARCÍA, ALIAS "MOMO"

NACIÓ EN MONTERREY, NUEVO LEÓN. ESTUDIÓ ARTES GRÁFICAS EN LA FACULTAD DE ARTES VISUALES DE LA UNIVERSIDAD AUTÓNOMA DEL MISMO ESTADO. HA REALIZADO VARIOS PROYECTOS DE ILUSTRACIÓN, CÓMIC Y ANIMACIÓN. GANÓ EL PRIMER CONCURSO DE CÓMIC EN LA UANL Y HA PARTICIPADO EN LA COMPILACIÓN DE HISTORIETAS CONSECUENCIAS MÉXICO. ACTUALMENTE REALIZA LOS *WEBCOMICS*: "FELINIA VA A PARIS" Y "POLIFONIC BABIES".

EMILIANO ZAPATA

ARTE POR AUGUSTO MORA

NACIÓ EN 1984 EN LA CIUDAD DE MÉXICO. DE FORMACIÓN ES ILUSTRADOR AUTODIDACTA. TOMÓ CURSOS DE CREACIÓN DE CÓMIC E ILUSTRACIÓN. EN EL AÑO 2001 DIBUJÓ HISTORIETAS EN EL PERIÓDICO EL MILENIO Y EN LAS REVISTAS "LA MOSCA", "NICK", "BIG BANG", "VAGÓN LITERARIO", "MAD" Y "EL CHAMUCO". HA TRABAJADO PARA PERIÓDICOS COMO "MILENIO" Y "EL OCCIDENTAL DE GUADALAJARA". SUS OBRAS: COSAS DEL INFIERNO (2006) Y MUERTE QUERIDA VOL. I (2008). PUBLICA DIARIAMENTE EN SU WEBCÓMIC HTTP://MUERTEQUERIDA.COM/MAIZO

EL PÍPILA

ARTE POR JUAN MANUEL RAMÍREZ DE ARELLANO "JUANELE"

ESTÁ TERMINANDO EL DOCTORADO EN CIENCIAS FÍSICAS EN LA UNAM. COMO MONERO, HA PUBLICADO EN EL PERIÓDICO "LA JORNADA" Y EN LAS REVISTAS "AGUILUCHOS", "EL CHAMUCO" Y "MAD". GANÓ EN 2007 EL PREMIO DE CÓMIC "TRANSPARENCIA" DEL MUNICIPIO DE ECATEPEC, EN EL QUE FUNGIERON COMO JURADOS LOS FAMOSOS DIBUJANTES HELGUERA Y HERNÁNDEZ. ACTUALMENTE SIGUE APRENDIENDO A HACER MONITOS Y MONADAS Y PUBLICANDO SU TIRA DIARIA EN WWW.MOCO-COMICS.COM

JOSÉ GARIBALDI Y LEONA VICARIO

ARTE POR JORGE MERCADO

ESTUDIÓ EN LA ACADEMIA LA ESMERALDA Y EN UNA ESCUELA PARTICULAR DE DIBUJO. TRABAJÓ EN "KOLITAS", "ARARU", EN LOS CÓMIC "TINIEBLAS" Y "ÁNGEL CAÍDO". FUE ILUSTRADOR DE CONCEPTOS PARA LA PELÍCULA "SUPERMAN RETURNS". TRABAJÓ EN ANIMACIÓN EN EL ESTUDIO ANIMA Y EN LA ACTUALIDAD COMBINA SU LABOR EN PUBLICIDAD COMO REALIZADOR DE *STORYBOARDS*, DISEÑADOR E ILUSTRADOR DE CÓMICS.

LA GÜERA RODRÍGUEZ

ARTE POR SEBASTIÁN CARRILLO, "BACHAN"

ES UNO DE LOS ARTISTAS DE CÓMIC MÁS IMPORTANTES DE LA ESCENA LOCAL MEXICANA. SE INICIÓ CON EL COLECTIVO MOLOTOV CREANDO LOS FANZINES "HEMOFILIA", "ZOOTROPO" O LA MISMA "MOLOTOV". HA COLABORADO CON DC CÓMICS, LA LIGA DE LA JUSTICIA Y DOOM PATROL, ASI COMO NIRTA ONIRLY PARA FRANCIA. HA PUBLICADO "VINY, EL PERRO DE LA BALBUENA", "EL BULBO" Y "PERROS MUERTOS". SE HA DEDICADO A LA PUBLICIDAD PERO SIEMPRE REGRESA AL CÓMIC, ORIGEN DE SU VOCACIÓN Y PROFESIÓN. FUNDADOR DEL PROYECTO PRODUCCIONES BALAZO: HTTP://PRODUCCIONESBALAZO.COM

RODOLFO FIERRO Y JAVIER MINA

ARTE POR SERGIO TAPIA

DESDE JOVEN SE DEDICÓ A DIBUJAR HISTORIETAS PARA VARIAS EDITORIALES. FUE EL DIBUJANTE EN "LA BESTIA" PARA VID Y "EL LIBRO POLICIACO" EN NOVEDADES. ES UNA ENCICLOPEDIA CON PATAS EN TEMAS DE ARMAS, PORNOGRAFÍA DE LOS OCHENTA Y ESGRIMA. ASIMISMO, ES EL DEDICADO PADRE DE TRES. ACTUALMENTE REALIZA SU *WEBCÓMIC* "AZTECAS VS. ROMANOS": HTTP://ACR.PRODUCCIONESBALAZO.COM/

JOSÉ MARÍA MORELOS Y LA COMPAÑÍA DE EMULANTES

ARTE POR RICARDO GARCÍA FUENTES, MICRO

NACIÓ EN LA CIUDAD DE MÉXICO EN 1971. COMENZÓ A LABORAR EN PASQUINES DE HUMOR PICANTE. TRABAJÓ PARA LA DC COMICS ADAPTANDO LAS POPULARES SERIES ANIMADAS "THE POWERPUFF GIRLS", "DEXTER'S LABORATORY", "¡MUCHA LUCHA!" Y "SAMURAI JACK". RECIENTEMENTE SU TRABAJO HA APARECIDO EN "EL BULBO", "PULPO CÓMICS" Y LA NUEVA ETAPA DE "MAD" EN MÉXICO. ACTUALMENTE ES COLABORADOR REGULAR DE LA REVISTA "UNIVERSO BIG BANG", DE ESTUDIOS DE ANIMACIÓN Y LE DA CONTINUIDAD A SU OBRA AUTORAL EN SU WEBCÓMIC: HTTP://MIRACLE-BOY.BLOGSPOT.COM/.

JUANA BELÉN

ARTE POR BEF

BERNARDO FERNÁNDEZ, BEF (CIUDAD DE MÉXICO, 1972), ES ESCRITOR Y DIBUJANTE DE CÓMICS. HA PUBLICADO, ENTRE OTROS LIBROS, LAS NOVELAS TIEMPO DE ALACRANES (PREMIOS UNA VUELTA DE TUERCA 2005 Y MEMORIAL SILVERIO CAÑADA 2006), EL LADRÓN DE SUEÑOS, GEL AZUL Y OJOS DE LAGARTO, LOS VOLÚMENES INFANTILES CUENTO DE HADAS PARA CONEJOS, GROAR Y VACACIONES EN MARTES. TAMBIÉN HA INCURSIONADO EN LA NOVELA GRÁFICA, ES AUTOR DEL GUIÓN PERROS MUERTOS Y DE DOS VOLÚMENES DE LAS COMPILACIONES DE CÓMICS MONORAMA. ACTUALMENTE SE REPARTE ENTRE LA NARRATIVA Y LA GRÁFICA. VIVE EN LA CIUDAD DE MÉXICO EN COMPAÑÍA DE REBECA Y SU HIJA MARÍA.

JOSEFA ORTIZ

ARTE POR VIC HERNÁNDEZ

ORIGINARIO DE SAN LUÍS POTOSÍ. HIZO SUS PININOS EN EL CÓMIC EN 1994, EN EL EQUIPO DE ILUSTRADORES DE DISNEY. HASTA LA FECHA HA REALIZADO DIVERSOS TRABAJOS Y COLABORACIONES EN EL MEDIO EDITORIAL, DE ANIMACIÓN Y PUBLICITARIO. UNO DE SUS ÚLTIMOS TRABAJOS ES LA CREACIÓN DEL PERSONAJE "KIMI", PARA ALPURA DE SABORES. SU PERSONAJE DE CÓMIC MÁS REPRESENTATIVO ES GEHENA TRICKY TRAKE (LA GÜERA DE RANCHO).

DOLORES JIMÉNEZ

ARTE POR ESTEBAN SALDAÑA, TEBIN

ILUSTRADOR, MONERO Y DISEÑADOR DE LA COMUNICACIÓN GRÁFICA. ACTUALMENTE LABORA EN EL DEPARTAMENTO DE ARTE DEL PERIÓDICO REFORMA Y CUENTA CON VARIOS RECONOCIMIENTOS POR SU TRABAJO PUBLICADO Y SU LABOR COMO PROVEEDOR DE ARTE EN DIVERSOS JUGUETES DE LA MARCA HASBRO. FORMÓ PARTE DE LOS COLECTIVOS DOSIS, PARRANDA Y PICO DE GALLO. WWW.ARTOFTEBIN.COM

CARRILLO PUERTO

ARTE POR H.G. SANTARRIAGA

DISEÑADOR DE LA COMUNICACIÓN GRÁFICA EGRESADO DE LA UAM. SE HA DESENVUELTO DENTRO DEL RAMO DEL DISEÑO EDITORIAL, LA ILUSTRACIÓN Y EL CÓMIC, COLABORANDO EN DIVERSAS PUBLICACIONES. HA DESARROLLADO DIVERSOS PROYECTOS COMO DIRECTOR DE ARTE E ILUSTRADOR FREELANCE. HTTP://WWW.HGSANTARRIAGA.COM

MARIANO MATAMOROS Y FELIPE ÁNGELES

ARTE POR HUGO ARAMBURO

NACIÓ EN MONTERREY, NUEVO LEÓN. DIBUJANTE DE HISTORIETAS DESDE 1986, EN PRÁCTICAMENTE TODAS LAS EDITORIALES DE COMIC MEXICANAS. DIBUJANTE DE "CREATURAS DE LA NOCHE".

COORDINACIÓN DE ILUSTRADORES

LUIS GANTÚS

FUE ORGANIZADOR DE LA CONQUE DE 1994 HASTA EL 2001. HA SIDO COLUMNISTA Y TRADUCTOR PARA VARIAS REVISTAS Y REALIZA EL WEBCOMIC ACR HTTP://ACR.PRODUCCIONESBALAZO.COM. SU BLOG: "ESTO ES FERPECTO" HTTP://ESTOESFERPECTO.PRODUCCIONESBALAZO.COM.

TRAZO DE PORTADA POR GERARDO SANDOVAL

DIBUJANTE DE TOMB RAIDER, SPIDERMAN Y WOLVERINE. ES ARTISTA DE VARIOS CÓMICS EN JORDANIA, DE EDITORIAL ARAMIN.

COLOR DE PORTADA POR LEONARDO OLEA

CREADO EN LA CIUDAD DE MÉXICO, OLEA ES APASIONADO DE LAS DIFERENTES FORMAS DE EXPRESIÓN Y LA TRANSMISIÓN DE IDEAS. FUE COLORISTA EN DC COMICS, WILDSTORM, CLIFFHANGER, DARK HORSE, ASPEN Y SOLEIL. HA DISEÑADO VARIOS LIBROS PARA AUTORES GRÁFICOS.

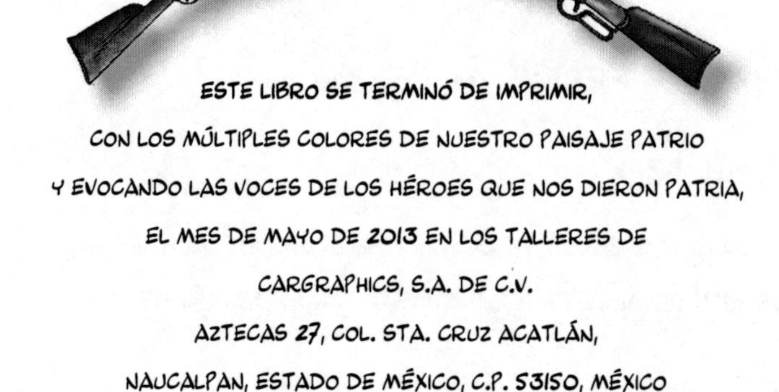

ESTE LIBRO SE TERMINÓ DE IMPRIMIR,
CON LOS MÚLTIPLES COLORES DE NUESTRO PAISAJE PATRIO
Y EVOCANDO LAS VOCES DE LOS HÉROES QUE NOS DIERON PATRIA,
EL MES DE MAYO DE 2013 EN LOS TALLERES DE
CARGRAPHICS, S.A. DE C.V.
AZTECAS 27, COL. STA. CRUZ ACATLÁN,
NAUCALPAN, ESTADO DE MÉXICO, C.P. 53150, MÉXICO